齐东方 著

我在考古现场

——丝绸之路考古十讲

中华书局

图书在版编目(CIP)数据

我在考古现场：丝绸之路考古十讲/齐东方著. —北京：中华
书局，2021.8(2025.6 重印)
ISBN 978-7-101-15260-9

Ⅰ.我… Ⅱ.齐… Ⅲ.丝绸之路-考古 Ⅳ.K928.6

中国版本图书馆 CIP 数据核字(2021)第 131604 号

书　　名　我在考古现场：丝绸之路考古十讲
著　　者　齐东方
责任编辑　马　燕　傅　可
责任印制　管　斌
出版发行　中华书局
　　　　　(北京市丰台区太平桥西里 38 号　100073)
　　　　　http://www.zhbc.com.cn
　　　　　E-mail:zhbc@zhbc.com.cn
印　　刷　北京盛通印刷股份有限公司
版　　次　2021 年 8 月第 1 版
　　　　　2025 年 6 月第 3 次印刷
规　　格　开本/920×1250 毫米　1/32
　　　　　印张 8　字数 150 千字
印　　数　12001-13000 册
国际书号　ISBN 978-7-101-15260-9
定　　价　58.00 元

序

一

丝绸之路是一条连接东西方的大路。路的名称之所以叫丝绸之路（简称为丝路），也许因为以前在这条路行走的有不少是做丝绸生意的人，但到今天，路上多是一些来考察路边风光的人。我也一直在这条路上行走，来来回回，上上下下，路上也会遇到一些行人。有些人生来就是牛人，在大路中间，走得又快又健；还有些人一溜小跑，跑得又久又远。走着走着，我结识了一些同行人，也包括一些牛人。

同行人以前只是学术上的同行人，大家一起走着看着，看着走着，我常向同行人问路，同行人有时也会和我讲话。行走在路上，其实我并没有什么特长，只是因为路上偶然会捡到以前商人不慎掉下的破缣残绢，同行人也会问起一些缝缝补补的事情，日子久了，来往多了，也就成了朋友。

但突然有一天，路上开了一家绸布店，名字就叫中国丝绸博物馆。学过丝绸的我去了那店里做伙计，后来又当上了店长。博物馆给我提供了一个平台，那我就得请各位大牛人来为我站个台和撑个腰了。

二

在丝绸之路上来往的朋友中，北京大学考古齐教授东方兄是人气很旺的一位。

首先是他的名字。江湖上传说他的名字由来已久，但到了1995年尼雅遗址发现"五星出东方利中国"锦护膊后，他自己也是半推半就地把那护膊上的"东方"和他名字中的"东方"联系在一起，据说他曾非常得意地说道："这正是我带来的运气。你看织锦上有'五星出东方利中国'的字，显然是吉祥谶纬之语，其中的'东方'正是我的名字，凑巧的是我进沙漠时带来一面五星红旗。一到营地，我就和刘玉生将这面旗升起来了。我的名字、我的到来、我带的国旗和我升旗的缘故，才有中方考古队'五星出东方利中国'这一发现，简直就像是谶语一样。也许这是我最值得自豪的考古经历了。"

当然，与齐东方的大名一起来的，还不只是锦护膊，更有金银器。从波斯到粟特，金银器研究已成了他的看家本领，波斯金银器就是他的象征符号。其实我在丝路上边走边读的，也是他的《唐代金银器研究》，读了之后非常钦佩，想要和齐东方真正做个朋友，把金银器和丝绸放在一起全面地比对一次。

齐东方的大名，不只是他的锦护膊和金银器，还有他的户外运动，无论是长跑还是登山，他都是十分专业和优秀的。其实，当我们最近见面的时候，更多聊起的是他在西湖的环湖跑，他在香港的走山，他在太白的露营等等。他总是如此有活力，在丝路的行走中，他无疑是体力最好、脚步最快的。

三

因为绸布店名叫博物馆，所以我们就得办展览。

大约是在2009年，我和东方兄合伙做了一个小项目，就叫《锦上胡风：魏唐时期丝绸之路沿途出土织物展》。展览的目标，就是为了整理一批新收藏的魏晋南北朝时期到唐代的织物残片。无疑，这样的展览是学术性极强的，我希望不只是在杭州做，同时也能在北京大学展览，那里有着较浓的学术氛围，有着许多研究汉唐考古与中亚文化交流的大师，有着许多正在研读考古学与艺术史的莘莘学子。于是我找了东方兄，他欣然答应。于是，展览的团队，特别是一个研究丝绸和写作图录的团队组成了。北大方面由齐东方教授带着杨清越和缪丹两位学生，我这里则由我带着我的四位博士生：中国丝绸博物馆的徐铮、东华大学的王乐、万芳、刘珂艳。整个图录的写作要求是由东方兄制定的，对于每件展品，必须从每个细节上将其研究彻底，而研究的范围也不仅在于展品本身，还必须把与之相似或相关的所有文物都找齐并写清楚。我希望通过这样的合作，那些学纺织史和服装史为主的东华学生，能从学考古学和艺术史为主的北大学生中通过相互交流而学到一些方法和知识。

最后，展览的目标终于实现了。2009年11月21日，展览在北京大学赛克勒考古与艺术博物馆开幕。宿白先生先为这次展览题写了"锦上胡风"的标题，在展览闭幕前，他又踏雪来到博物馆，兴致勃勃地参观了整个展览，连连称好，对我们的工作做出了极大的肯定。同时，学术讨论会交流的作用也显现出来。我们让每位同学都从他们所写条目中选择一件最合适的文物再深化，到学术讨论会上交流，并请清华大学的尚刚教授和中国社会科学院文学所的扬之水研究员一起进行评点。

四

后来，我又想要提升绸布店在江湖上的地位，于是在里面设了经纶讲堂。讲堂平时多讲一些丝绸方面的知识，但因为位于丝绸之路上，人来人往，所以又成立了"国际丝绸之路与跨文化交流研究中心"，简称丝路中心（IIDOS）。从2019年起，我计划每年请一位在丝绸之路上行走的大牛在这里连续做一个系列，就讲他在路上看过的风景与人物，作为经纶讲堂的丝路专家系列。

而这一次，是东方兄先来找我了。缘由是他要寻找一方净土，一个安静的角落；而另一方面，则是我们需要一位丝路大牛作为主讲人，于是一拍即合。

他来到我的绸布店，讲的是"丝绸之路考古十讲"。他说他就在考古现场，我发现我们曾同行过许多地方。讲波斯，他住过的那个"丝绸之路"客栈，我也曾经在那里住过。讲乌兹别克斯坦，我发现他去过的撒马尔罕博物馆和阿弗拉西阿卜大使厅，我也去过、看过和拍过那些锦衣绣袍上的美丽纹样。讲"黑石号"，我发现我们曾一起在新加坡看那些出水的瓷器，还一起作过演讲。讲青海都兰的吐蕃大墓挖的每一片丝绸，我几乎都曾在那里详细地分析过。他走过的考古现场，有些我们曾一起看过，一起住过，有些我们一起聊过，一起想过。

一共十讲，他终于讲完，我终于听完。我好像又跟着他在丝绸之路上来回地走了许多次，他讲，我听；他讲，我们记，终于出来了经纶讲堂丝路系列的第一本。

五

感谢东方兄作为经纶讲堂丝路系列的第一位主讲人来到这里。在两个多月的时间里，其实他并没有静下来，但还是守时地把十次讲座完整地讲完。他的讲座，为我们的系列开了一个好头。

平时负责讲堂的堂主是我们社会教育部的余楠楠副主任，她一直在维护讲堂，也在照顾主讲人。与主讲人的反复联络，迎来送往，一直非常辛苦，还有讲座招贴的发布以及听众的招募等，都也颇费心思。好在东方兄自带流量，为我们增光添彩。当然，她的领导，周旸和楼航燕两位也多有关照。最后，丝路讲座，也成了我们丝路中心工作的一部分。

讲座开始不久，丝路上的另一位大侠、中华书局的徐俊总编看到了绸布店上的招幌，寻迹而至，等到了东方兄也见到了我，就热情邀请丝路讲座在中华书局出版，这给我们提供了一个更高的平台。此后，中华书局的李静主任、马燕编辑等几位老师也一直帮忙编辑、出版事宜。

对于他们的工作和贡献，我这个绸布店长，都一起在这里表示真诚的谢意了。

希望有更多的大牛能来到我的绸布店坐坐，特别欢迎有时间在这里登上经纶讲堂讲丝路系列。

赵丰

2021年7月19日

目录

第一讲

波斯艺术与中国

路途遥远没能阻断人类的交往，从中国和波斯的古代金银器、瓷器、织物、玻璃器、壁画和石刻图像等，可见到千丝万缕的关联。它们在穿越时空地提醒我们，文化之间的相互馈赠，才能促进人类共同发展。

一次穿越时空的旅行

今天我讲的"波斯艺术与中国",既是实地考察记,也有以往研究的分享,还会包括一些现代的情况。因为贯穿欧亚的丝绸之路,从来不是中国的专利,伊朗以及中亚都是古代丝绸之路的受惠国,他们同样赞颂着丝绸之路。我们在伊朗,时时可见这一历史文化的延续。比如有时住的叫丝绸之路旅馆,吃的就在丝绸之路餐厅。

中国和伊朗之间究竟有什么联系?从伊朗古代金银器、瓷器、织物、玻璃器、壁画和石刻图像等等中,可见到其与中国千丝万缕的关联。

丝绸之路传播的古代文物,数量和种类都不少,这是考古学兴起之前未曾想到的。而且,我们会惊奇地发现,古今之间,还存在着微妙的联系。

波斯就是现在的伊朗。波斯王朝中比较著名的有阿契美尼德王朝,相当于中国的战国到汉代时期;后来是帕提亚王朝,即《汉书》里讲的"安息国";再往后就是萨珊王朝,相当于中国北朝到唐朝初年。

伊朗的历史,宏观上可以萨珊王朝的灭亡为界,分为两个阶段。651年,阿拉伯帝国推翻了萨珊王朝,用伊斯兰教取代了原来的国教——祆教(拜火教),整个国家发生了非常重大的变化。

这一年,末代萨珊国王亚兹德格尔德三世的儿子卑路斯东逃至唐朝。为什么曾经雄视欧亚的萨珊帝国灭亡后选择唐朝的庇护?这

丝绸之路宾馆

一选择必有长期互信的基础，说明在此之前一定有着密切的交往。

现在去伊朗，从那里的人们友好的微笑中，我们仿佛回到了波斯的大流士、库思老时代，回到我们的汉唐时代，这是一次穿越时空的旅行。

神奇的玻璃

中国古代的玻璃生产在世界范围之内不算发达，但在考古中却发现了不少漂亮的玻璃器，很多是伊朗古代的玻璃器。世界上同时期的古代玻璃器，大多失去了当年的光泽，而中国考古出土的这些玻璃器，保存完好，年代明确，可以说是世界上现存最精美的标本。

伊朗国家博物馆陈列着一件萨珊玻璃瓶，体量不大，品相也不算很好，可是我一下就注意到了，而且很兴奋。因为中国隋代清禅

西安清禅寺塔基遗址出土隋代玻璃瓶　　　　伊朗国家博物馆藏萨珊玻璃瓶

寺遗址里面也出土过一件，考古报告出来后，将近十年没人对它发表过意见。多年前我在日本访学，根据当时一个有关西亚玻璃的展览，写了一篇文章，推测清禅寺遗址里的玻璃瓶就是波斯萨珊时期的玻璃。因为当时不可能去伊朗，和伊朗有关的书也非常少，很多证据都来源于日本各博物馆和私人藏品，那篇文章最大的遗憾就是未能举出一个伊朗本土的遗物。此次伊朗之行，经询问伊朗国家博物馆的工作人员，得知这是伊朗出土文物，这对我当年的推断来说，又有了一个更加有力的证据。

　　伊朗的这件玻璃瓶，与中国隋代清禅寺遗址出土的玻璃瓶相比，造型、装饰和制作工艺几乎一模一样。这件器物形体很小，而且口非常细，一般推测是装香水用的。西方很早就发明了液体的香水，为防止液体挥发，盛装香水的瓶口一般很小，现在的香水瓶也是如此。

　　中国使用香料的历史悠久，但早期是熏香，不见有液体香水。宋代蔡绦的《铁围山丛谈》中，曾介绍一种液体的香水叫蔷薇水，是从阿拉伯传过来的："旧说蔷薇水，乃外国采蔷薇花上露水，殆不

卖蔷薇水的伊朗小姑娘

考察队一行在伊朗饮蔷薇水

琳琅满目的调味料

然。实用白金为甑，采蔷薇花蒸气成水，则屡采屡蒸，积而为香，此所以不败。但异域蔷薇花气，馨烈非常，故大食国蔷薇水虽贮琉璃缶中，蜡密封其外，然香犹透彻，闻数十步，洒着人衣袂，经十数日不歇也。"写得很详细，而且带有赞美的意味。在今天的伊朗，依然可以看到采集玫瑰花后，用蒸锅之类的简单器具制作香水的场景，香水在街上、店里出售。当地特产玫瑰香水的瓶口，也是非常细小。

山西大同北魏墓出土磨花玻璃碗

没想到的是，蔷薇水在当地还广泛用作饮料和调料，有代茶饮用的蔷薇水，还有很多菜肴，搅拌的调料是蔷薇水。

西安何家村出土凸圈纹玻璃杯

说起调料，令人想起张骞出使西域以后，传入中国的许多物品，如阿月浑子、胡椒、回回葱（胡葱）、八担仁、波斯枣、无花果、石榴、胡桃、小茴香、大蒜、黄瓜、蚕豆、大葱、胡萝卜、葡萄、西瓜……关于这些，早有学者做过专门研究。在伊朗，可以在市场上看到调料种类的丰富，好像让人闻到了丝绸之路的芳香。

宁夏固原李贤夫妇墓出土萨珊玻璃碗

一件小小的玻璃瓶，让我们联想到伊朗与中国在古代丝绸之路上的很多故事。其实古代伊朗的萨珊王朝输入到中国的玻璃，还有很多发现。古代伊朗曾经是世界玻璃制造的一个中心，历史文献中曾记载玻璃如何传到中国。西晋潘尼写过《琉璃碗赋》："览方贡之彼珍，玮兹碗之独奇，济流沙之绝险，越葱岭之峻危，其由来也阻远。"玻璃碗越过西方帕米尔高原、历经千辛万苦传到中国，当时被认为非常珍奇。

精美的金银器

如果说古代伊朗玻璃在中国的发现具有极大的学术价值，那么金银器也毫不逊色。

中国的金银器制作，到了唐代呈现出一种突飞猛进式的发展，为什么呢？仔细观察会发现，这时的器物，有几个重要特征：一是广泛使用了锤揲技术，器表有凸凹起伏的变化，纹样不是平面的，而是带有浮雕效果；二是出现了一些前所未有的器形和装饰纹样。这些新特征与外来文化的影响有密切的关系。

外来金银器在中国发现得很早。比如西汉时期出土的一些银盒，都有像凸起的水滴一样的纹样，我国古代没有这种审美传统。这些银盒来自哪里呢？美国大都会博物馆藏有一件波斯阿契美尼德王朝的金碗，有明确刻铭，是国王大流士一世时期的。同样的纹样装饰和工艺的器物在波斯还有，如伊朗国家博物馆、大英博物馆、弗利尔美术馆等地所藏的薛西斯一世金碗、阿尔塔薛西斯一世银碗，证明水滴纹样在那时的波斯地区非常流行，阿契美尼德王朝之前的洛雷斯坦时期，很多铜器也用这种水滴纹的凸起纹样，而同时代的中国却罕有发现。所以，中国出土的水滴纹器物，应该都是波斯阿契美尼德王朝的。

波斯萨珊王朝的器物也有出土。这件残破的银盘出土于北魏一

波斯阿契美尼德王朝金碗

广州西汉南越王墓出土水滴纹银盒

波斯阿契美尼德王朝银盘

伊朗国家博物馆藏洛雷斯坦时期铜碗

个墓里，墓志记录着墓主叫封和突，死于景明二年（501），正始元年（504）埋葬。银盘上面的人物无论从外在装束还是形象特征、行为方式，都与中国人不同，是波斯萨珊王朝的"帝王狩猎银盘"。同样的"帝王狩猎银盘"全世界大概仅存四十来件，分散在世界各大博物馆，大都比这件精美，但都属于传世文物。中国这件是经过科学考古发掘出土的，学术价值不一样。

传世的波斯萨珊银盘，很早就被发现，又经过商人买卖，已经无法知道它们准确的出土地点，以及出土时与其他器物的组合，所以，要想进行比较精准的年代判断较难。因此，国外有些博物馆在

北魏封和突墓出土萨珊银盘 　　　　　　　　北魏封和突墓志

展出这些银盘时，有些写的是"4—5世纪"，有些写的是"5—6世纪"，年代范围在二百年间。这样宽泛的年代，用于研究历史来说价值较低。中国出土的这件银盘，虽然具体制作于何时不得而知，却可知它是501年以前制作的，即制作时间的下限是可以肯定的。考虑到萨珊王朝与北魏密切往来的背景，他们常常有新产品输入中国，因此，在世界上所有已知的同类银盘里，只有这个能够说出比较具体的时间，是世界上罕见的出土在纪年明确、墓主人清楚的墓葬中的伊朗古代银器。

　　唐代以前，欧洲、西亚、中亚的金银器，比中国做得好。到了唐代，中国突然发展起来，制作水平不亚于其他国家，其中一个非常重要的原因，就是丝绸之路开通之后，有外国的样品甚至工匠进入中国。

　　为什么西亚等地的金银器制作能够较早地发展起来呢？从金银的特质来看，这两种金属延展性特别好，金块、银块通过不断加热和敲打，可以打成一个片，再加工成盘子之类的容器，这种加热敲打的工艺被叫作锤揲，是现代人起的名字。这种工艺在伊朗等地区率先发展起来，与环境、物产、文化密切相关。

伊朗产石油，有天然的沥青。沥青是一种有机胶凝状物质，它可以是液态的、半固态的，还可以是固态的，有很好的高温稳定性、低温抗裂性、耐久性、黏附性、弹性等特质。伊朗人很早就发现了这个秘密，他们甚至用沥青制作器物。

以不软不硬的天然沥青为底模，锤揲金银材料为器物最合适不过。直到现在，伊朗的工匠还是用这种技术来制作银器、铜器等。

伊斯法罕的工匠

在伊斯法罕，保存了许多古老建筑，最好的就是巴扎（市场），格局和我们唐代的店铺一样，前面经营，后面居住，经营包括制作和出售。这种模式与波斯萨珊王朝没有太大区别。

中国当时没有沥青，最早的金银器制作是采用成熟的浇铸技术。波斯的器物和技术传到中国后，中国开始学习仿造，底模是用松香再加一些其他材料，也是不软不硬的底模，具有沥青的特质。中国人仿制萨珊王朝的多曲长杯就是一个例子，萨珊王朝长杯的分瓣，不是每瓣都从口沿到底部，里面的棱线非常清楚，是杯的内部凸凹起伏，造型很奇特，唐朝人采用了这个造型，是通过锤揲技术做出的；但把原来波斯艺术中的神话人物纹样，改成了中国人喜欢的花草。

后来，中国金银器、瓷器中都有这种花口、长椭圆形的器物，这让人不能不联想到波斯萨珊的长杯的造型影响。再后来制造的器物，波斯萨珊的多曲长杯内的凸凹起伏被弱化，多曲分瓣也变为从口直接到底，花口也淡化了，只保留着那种椭圆形的味道。唐代以后，椭圆形器物消失了，原因是它不符合中国人的使用和欣赏习惯。但是花口很美观，又不影响使用，晚唐以后开始流行花口器物，到宋代以后就非常多了。

唐银鎏金忍冬纹八曲长杯，日本白鹤美术馆藏

唐代器物中，还发现一种奇特的样式，最初被称作角杯，例如西安南郊何家村出土的兽首玛瑙杯。的确，世界各地古代都有用牛角、羊角等直接作为杯子使用的情况，但是这种器物和通常的角杯不一样，它是用玛瑙精心制作，更重要的是，它不是在口部饮用，而是在下面有个流口，用金帽扣合，金帽打开以后是一个孔，液体可以从里面流出来。

是在口部还是在底部饮用，是完全不同的器物功能。底端有孔，液体可从中流出，这个叫"来通"，是纯粹西方的器物，西亚、中亚乃至欧洲很多地方都能见到，与中国传统器物无关。古代伊朗的来通很多，有陶的、铜的、金的、银的。在西亚、中亚古代器物纹样和壁画中，还可以见到来通是如何使用的。何家村出土的兽首玛瑙杯，就是西方的"来通"。

"来通"通过丝绸之路传入中国，可能在短时期内影响了少部分高级贵族的生活，西安唐代李寿墓的石刻就有手持"来通"的图像，三彩和瓷器中也有少量仿制品。由于它不符合中国人的使用习惯，并没有流行开来。

西安何家村出土兽首玛瑙杯，亦称"来通"

美国波士顿艺术博物馆藏北齐石刻图

唐李寿墓石刻图

图像背后的含义

中国出土的丝织品，也有少量外来产品，还有很多外来纹样。最具代表性的是联珠圈纹，特点是由一些联珠组成一个圈，圈内有动物。联珠圈内的野猪头和立鸟衔珠最为特别，它们的出现在中国找不到来源和根据，应是来自于波斯或中亚。波斯萨珊时代的建筑构件、织物中就有野猪头的纹样。

立鸟纹也很有特点，鸟嘴叼一条项链，脖子上系有一根丝带。这在波斯锦、银器里都能看到，在中亚还能在壁画人物的服装上看到同类纹样。中国带有这类纹样的织物，如果不是输入品，也是因外来影响而出现，或者是为了外销而生产的。

山西太原隋代虞弘墓的石椁上，有骑着骆驼射狮子的图像。骆驼是单峰的。骆驼有两种：一种是双峰，一种是单峰。双峰骆驼在中国、西亚、中亚都有。单峰骆驼主要是在西亚，中国没有。当时中国的狮子都是进贡的，骑着骆驼与狮子搏斗不可能发生在中国。

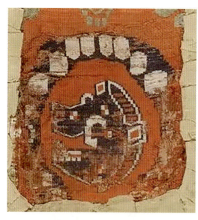

新疆吐鲁番阿斯塔那出土
联珠猪头纹锦覆面

撒马尔罕壁画中人物服装上的图案纹样

山西太原隋虞弘墓石椁上的线刻图

图像里既有单峰骆驼又有狮子，这肯定与外国有关。虞弘是外国人的后裔，当时来中国做生意最多的是粟特和波斯商人，有一些人到中国后定居了。虞弘是波斯人后裔的可能性最大。

波斯银盘里有骑骆驼狩猎的图像，据古书记载，他们当时作战用"骆驼兵"，骑着骆驼打仗、狩猎都没有问题。

伊朗的世界文化遗产波斯波利斯宫殿，是阿契美尼德王朝大流士一世始建，历经薛西斯一世、阿尔塔薛西斯一世，总共是三代历时一百七十多年才打造完成的。公元前334年，希腊马其顿人，在君主亚历山大大帝率领下远征波斯，攻占并烧毁了波斯波利斯。当年的大火燃屑纷纷落地后，石质宫殿的主体还毫发未动地坐落在当地，像一副骨架，在荒野之中展现出巨大的躯体轮廓。站在这里，仿佛还能听见一个洪亮的声音在天空回荡："我，大流士，伟大的王，万

狮子和牛搏斗图

邦之王，波斯之王，诸省之王……”那是大流士在平定各地割据力量之后，志得意满地刻在石头上的话。

那里有不止一幅狮子和牛搏斗的图像。

在虞弘墓里也发现有狮子和牛以及和马和狮子搏斗的图像。这种搏斗图是两个动物互相在争斗。伊朗学者解释说，这是表现季节发生变化时候的一种图像，表示新季节的到来，也是一种光明与黑暗的斗争，属于祆教内容的图像。这显然和中国文化没有关系，虞弘墓里的这种图像，明显是从伊朗传过来的，而像这类动物之间搏斗的图像，现在一些伊朗的建筑上也有描绘。

说起祆教，在伊朗历史上是很重要的，因为它曾长时期作为国教。祆教认为水、火、土都是神圣的，由此产生的人的生死观念、丧葬习俗和中国大相径庭。祆教认为人死后躯体不应污染水、火、土等，要在神职人员的带领下把尸体移至山顶，让狗和鹰吃，肉被

祆教遗迹——天葬台下的遗址

吃掉之后再把骨头拿回来，放在一个纳骨器里。

伊朗至今还保存着非常完整的祆教丧葬遗迹，有人翻译成"寂静塔"，或叫作容易理解的"天葬台"，天葬台下面还有建筑。按祆教习俗，负责丧葬的祭司居住在这里，他们不会到一般人生活当中去。人去世之后就要找到祭司来处理尸体，祭司会把尸体放到天葬台顶上，然后定期查看尸体情况。据说尸体越早被吃光越好，被吃光得晚则说明生前作恶太多。在尸体没有被吃光之前，家里的人也会住在这里。伊朗现在还保存着两座天葬台，据说直到20世纪80年代前仍一直在使用，后来伊朗政府觉得这种习俗不文明，开始禁止使用天葬。

信奉祆教的图案，在陕西、山西都有发现。虞弘墓里面的祆教祭祀场面（见第206页图），中间有一个火坛，两边是人首鸟身的祭司，祭司戴着口罩，表明在祭祀时不允许呼吸，担心飞沫玷污圣火。

波斯萨珊的钱币上有祭坛和祭祀的图案，但虞弘墓中这样的图像在伊朗也没发现，特别是人首鸟身的祭司，很像佛教的迦陵频伽（佛国世界中的一种神鸟）和隋唐时期人首鸟身的镇墓兽，或许是在中国出现的图像变异？

虞弘墓在山西太原发现，恰巧《新唐书》记载："太原俗，为浮屠法者，死不葬，以尸弃郊饲鸟兽，号其地曰'黄坑'。有狗数百头，习食胔，颇为人患，吏不敢禁。"这完全是祆教的丧葬习俗。不过，借用了佛教用语的"浮屠法"。

在丝绸之路上，各地之间的交往是双向的，不光有外来的东西传入中国，中国的东西也传到外国，而且影响了那里人们的生活。古代伊朗有一种传统绘画叫细密画，以追求精确写实著称。萨非王朝（Safavid dynasty，1501—1736）的绘画中，大胆生动地表现了宫

伊朗细密画

廷的生活百态，不少是令人惊艳的生活场景。宫廷贵族重要的宴饮场面中，大量出现中国的青花瓷，由于十分写实，从造型纹样上看都是来自中国，这反映了当时中国青花瓷的输出。

细密画中的青花瓷，不仅对于研究丝绸之路及伊朗贵族生活非常重要，而且对于研究中国瓷器也有价值。因为中国很多瓷器，找不到使用环境和使用方法及配套组合的实例，而在伊朗的细密画里可以看到。那些细密画有些年代明确，对中国的瓷器断代具有参考价值，而中国瓷器制作年代的研究成果，也对年代不清的伊朗细密画断代有帮助。

在伊朗的博物馆里，还经常看到"克拉克瓷"。

"克拉克瓷"的特点是宽边，胎薄，圆口或葵花口。在盘、碗的口沿绘分格及花瓣，每个花瓣中有山水、人物、花卉、果实等。这

伊朗餐厅里的"克拉克瓷"

种瓷器国外有很多，在我国很少，是专门为了外销而生产的，通过海上丝绸之路进行大量输出，对国外的影响很大。当伊朗人也能烧造出高质量的青花瓷以后，他们开始模仿中国纹样，直到现在他们使用的青花瓷，仍然可以看到"克拉克瓷"的影子。

真实的伊朗

如今的伊朗，生活中有很多规矩。女性要穿着黑袍，最严格的会包得严严实实的，只露出双眼。坐公共汽车，男女是分开的。了解当地习俗很重要，陪同我们的伊朗人说，以前一个外国男人跟一个伊朗女人对面坐着聊天，不知什么话把那位女士逗得哈哈大笑，结果就被警察逮捕了，外国人百思不解，申诉无果。这就没有对错之分，到了那里就得尊重他们的文化。

1979年以前伊朗是巴列维王朝，那个时候伊朗跟美国的关系非常好。石油生产、出口，整个国家西化，喝酒跳舞，女士穿超短裙，等等。后来国家的经济出现了问题，宗教领袖霍梅尼领导伊斯兰革命，用宗教来统治国家。他提出了很多口号，比如：不要资本主义，也不要共产主义；拒绝西方文化。所有的女性都必须包上头巾。但是也没有像一些媒体描述的那么极端。我们去的时候正好刚过圣诞节，酒店也有一棵圣诞树，因为也有外国人在那里住。

满大街常见宣传口号，其中有一个图文并茂的口号最常见，翻译过来大概意思是：姐妹们，注意你的举止着装！就是不断地提醒女性，不能露出头发等。

古今中外，头发包含的信息量很大，是社会时尚的展示，甚至会成为革命、信仰的标志。爱美是人的天性，尽管伊朗有很严格的限制，但也绝不是想象的那样保守、阴郁。时尚女性还是尽可能地

包着头巾的伊朗女性

饭店里的圣诞树

东正教的活动宣传

通过一些方式来展示自己的美，艳丽的头巾、手套、发饰，以及从头到脚的黑色长袍里穿着露膝盖的牛仔裤，即使在清规戒律的制约下，她们依旧保持着对美的追求。

　　伊朗也不是只有伊斯兰教，现在还保留着东正教的教堂，一些信徒也会举行宗教活动。但是伊斯兰教是不允许偶像崇拜的，因此东正教要搞宗教活动，神像是不能出来的，所以会把神像的头部抹掉。

路途遥远没能阻断人类的交往，从中国和伊朗的古今器物、纹样、宗教中可以看到，不同文化的碰撞中，有冲突也有融合。那些古代的遗迹遗物，似乎在穿越时空地提醒我们，文化之间的相互馈赠，才能促进人类共同发展。古代中国与波斯之间的交流提供了绝好的例证。

第二讲

乌兹别克斯坦的千年之梦

乌兹别克斯坦在丝绸之路上是一个重要节点，在这里，可以感受到浓厚的中西文化交流氛围。张骞、贰师城、李广利、匈奴、丝绸之路、还有良马，这一组早期丝绸之路的关键词，串起了乌兹别克斯坦的千年之梦。

被荒漠隔绝的绿洲国家

"丝绸之路"在现在看来是一个新话题，但对于我来说其实是一个老话题。我在上学时就开始关注丝绸之路，因为在中国历史上，有了丝绸之路以后，中国的文化、历史走向发生了改变，欧亚文化和历史也是一样，评估丝绸之路给世界带来的影响当然是必要的。丝绸之路的繁荣主要是在汉唐阶段，要清楚地认识这个时间段中国历史文化的面貌，也自然需要了解丝绸之路，了解外来文化对中国文化的影响。

乌兹别克斯坦共和国位于中亚腹地，是全球两个"双内陆国"之一（自身及四邻均为内陆国），目前人口总数90%以上信奉伊斯兰教，绝大多数为逊尼派。特殊的地理位置决定了它要想生存和发展，就必然要跟外界建立密切的联系，乌兹别克斯坦恰巧就在中西交流通道的一个重要节点上。

乌兹别克斯坦与中国之间很早就有联系。唐显庆二年（657）唐朝对西部用兵，当时有个非常重要的将领苏定方，率军击败了西部的劲敌西突厥，并一直追到现在乌兹别克斯坦的首都塔什干，西突厥灭亡。从此，整个欧亚大陆的政治格局发生巨大变化，唐朝的势力范围到达中亚，并在此设置了一些军事行政机构，加强了对这一地区的控制，保障了丝绸之路的畅通。

被荒漠隔绝的绿洲国家，更渴望与外部世界的交流。如今到乌兹别克斯坦，在街头会发现很多复古感十足的物件和装饰。

在这些图中，我们经常可以看到这样的装饰图案：一个圈里面有一只立鸟叼着一串项链，项链底部有垂珠，鸟的脖子上有丝带。这原本是波斯萨珊王朝时期很有代表性的一种纹样，后来在中亚更流行。没想到在如今的乌兹别克斯坦随处可见，可见文化传统的生命力。

这是一个很有趣的图案。在古代，阿富汗著名的巴米扬石窟曾出现，再向东，中国克孜尔石窟壁画中也有。此外，中国出土的丝织品上也有这种纹样。这种鸟竟然从遥远的西亚，经过中亚，一直飞向东方的中国。

在乌兹别克斯坦，能够感受到非常浓厚的中西文化交流氛围，

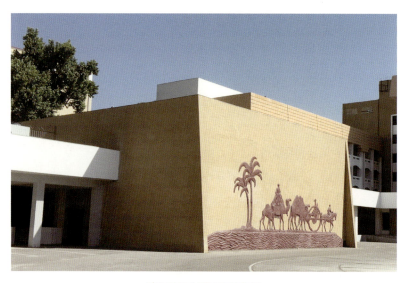

绘有丝绸之路图案的建筑

复古感十足的街头装饰

博物馆都有丝绸之路的主题展出，当然必有丝绸之路的示意图。一个有趣的现象是：同样是丝绸之路，不同国家画出的路线和走向却不一样，这既有掌握资料的差异，也有对历史的理解和解释的不同。现代国家（地区）都从不同的角度界定着古代和外部世界的关系，这对研究者来说是个启发。

中亚富庶之地安集延

  安集延是中亚富庶之地，也是乌兹别克斯坦东部最大的城市，它很早就成为著名的贸易集散地。在这个很多地方都是沙漠和戈壁的国家，人口密度非常低，每平方公里平均不到一个人。但是安集延每平方公里有五百多人，人口非常密集。过去中亚地区和中国进行贸易往来，一般都要通过此地，到了近代，安集延是中亚大铁路的最东端终点站。直到19世纪、20世纪，甚至现在，新疆人还都把从那边过来做生意的人叫安集延人。

  安集延在锡尔河的上游附近，河边有一个很大的城址，还没有进行过太多的考古调查和发掘。一些学者，尤其是当地的一些考古学者，认为这就是"贰师城"。贰师城在丝绸之路上很重要，也是一个谜，确切位置目前还没有办法证实。有学者认为是在吉尔吉斯斯

安集延

锡尔河上游附近城址

坦一座叫奥什的城市，也有一部分学者认为可能在乌兹别克斯坦。

关于丝绸之路，我们都知道张骞。其实还有一个人叫李广利。众所周知，丝绸之路后来繁荣畅通和马有关。马在当时是军事装备，强大的骑兵，在古代可以快速反应，相当于特种部队，骑兵强大在战争中才能掌握主动权。

汉武帝知道大宛（今费尔干纳盆地）盛产良马，如果得到汗血宝马，就能大大地提高军队的战斗力，便命令工匠制造了一匹金马，同时带了很多钱，派使者到大宛，希望换取他们的良马。《史记·大宛列传》中说大宛"有善马在贰师城，匿不肯与汉使"。大宛把马藏了起来不给汉朝，使者没有完成使命，便毁坏了金马。大宛人认为这个举动是对他们的一种侮辱，就对汉使进行阻拦、劫杀，还抢走

博物馆展出的马的岩画碎片

了当时汉使带去的一些钱财。

汉武帝大怒，便派李广利发兵问罪，李广利是汉武帝宠爱的李夫人的哥哥，他因此得到重用和提拔，并被委任为贰师将军去讨伐这个地区。李广利的名声不太好，他任贰师将军攻打大宛，损兵折将，却以军功封侯。他还多次指挥与匈奴的战争，一直战绩平庸。征和三年（前90），李广利兵败投降匈奴，次年被匈奴杀死。

经过多次战争，汉朝最后终于获得了好马几十匹、中下等的马三千多匹。所以，早期丝绸之路的开通充满着血腥，并不都是友好的往来。

张骞、贰师城、李广利、匈奴，还有良马，构成了一组早期丝绸之路的关键词。

明铁佩遗址

目前在中亚有好几支中国的考古队，其中就有中国社会科学院考古研究所派出的考古队，他们和乌兹别克斯坦的考古机构联合发掘了名为明铁佩的遗址，目前看来是费尔干纳盆地地区的一座重要古城。

古城的确切年代还不清楚，大概始建于公元前后，延续时间很久。目前有保存良好的城墙、城门还有马面，有规模很大的建筑基址、手工业作坊，以及城市道路系统等。因为附近人烟稀少，加上多年来没有大规模的基础建设，所以保存得非常好。目前发掘还在进行当中，公开发表的图片中有一个大陶缸，用途还未明确。如果对这个城址进行全面揭露，一定会对中亚古代文化产生新的认识。

中国和乌兹别克斯坦联合考古发掘纪念碑的揭碑仪式

费尔干纳盆地入口

　　费尔干纳盆地是中亚富饶的地方，山川秀美，气候宜人，水草丰美，历史上被各个民族反复争夺，以至于几个中亚国家在这里的国境线非常复杂，现在还有几十个民族同在一个山岗上放羊，同在一条河里喝水。

　　张骞通使西域，最开始的使命就是联合这里的大月氏人夹击匈奴。大月氏是公元前2世纪以前居住在中国西北部的游牧民族，势力强大，为匈奴劲敌。大月氏人曾击败另一个小游牧部落乌孙，夺其地。公元前177至前174年，匈奴大败月氏，杀其王，以其头为饮器。公元前139至前129年间，乌孙复兴，击败大月氏。大月氏再次被迫退回中亚。

　　大月氏跟匈奴本是世仇，但他们最后却没有和汉朝合作，原因之一就在于，比起原来祁连山下的荒凉，这个地方水肥草美、生活安逸，大月氏人希望在此稳定下来。

在当地的费尔干纳博物馆，馆长向我们介绍了这个地区的文物，还特别指出标示当地自然环境的沙盘，告诉我们这个沙盘是二战以后他们俘虏的普鲁士士兵做的，也算是一件宝物。

在博物馆参观收获很大。过去在中国陕西隋代清禅寺曾发掘出一些玻璃疙瘩，当时推测可能是围棋子，但没有论证。我一直怀疑这些玻璃疙瘩是围棋子的结论。没想到在中亚博物馆不止一次看到相同的文物，我才明白它们可能是玻璃原料。因为玻璃最好的制造方法是吹制，只要在加热熔融状态里挑出来，用铁管就可以吹出各种各样的形状。这些玻璃疙瘩虽然体积不大，但熔融后来吹制器皿类的器物没有问题。清禅寺的玻璃疙瘩，是不是古代从外国进入

费尔干纳博物馆馆长介绍情况

费尔干纳博物馆藏玻璃器

中国的玻璃原料呢?

　　费尔干纳博物馆的突骑施汗国所铸钱币,是我们非常熟悉的方孔圆廓的中国式钱币,钱面一圈为粟特文,意为"天可汗突骑施钱"。中国的钱币是铸造的,可以串成一贯。自7世纪中叶,粟特人

费尔干纳博物馆藏突骑施汗国所铸钱币

钱币上的粟特文

开始模仿唐朝货币铸造方孔圆廓钱币，突骑施钱币应该是当地汉族工匠或粟特人帮助突骑施人铸造的。

突骑施汗国于8世纪初在中亚兴起，曾经占据过碎叶城。它与唐朝关系很好，帮助唐朝治理西域，所以他们完全按照中国传统的铸钱方法制作方孔圆廓的青铜钱，这对中亚地区的钱币制作有着重要影响。

考察队一行考察古城

粟特人的遗迹

撒马尔罕考古研究所无疑是要去的，因为它就设在古代粟特人的故地中心，而该研究所的研究重点也是粟特人的遗迹。一进考古研究所的前厅，就会看到壁画装饰，研究人员都特别熟悉，那就是撒马尔罕墙画——粟特人的壁画的摹本。通常摹本会比原作更清楚

撒马尔罕考古研究所的墙画

些，最有趣的是人物服装上的图案，图案是联珠圈纹，似徽章，里面站立一只长尾鸟，颈部系飘带，口衔项链，项链下垂三个珠。这种纹样就是在大街上看到的装饰的来源。

粟特人是居住在中亚阿姆河和锡尔河流域的古代民族，我国古代文献里也称他们为"昭武九姓"。因为他们来到中国定居后，以国为姓，比如现在的史、康、米、曹、安等姓氏。粟特人兼具农耕和狩猎的特点，更是一个商业民族，有很多小国，中心在撒马尔罕。

他们当时制作的银器非常好，器物上面的纹样，有波斯萨珊艺术风格，也有当地的特点。中国在唐代以前制作的器物不如中亚和西亚。但到了唐代，器物制作突然就兴盛了，除了受波斯影响，粟特的影响也不可忽略。粟特银器纹样中的鹿、大角羊等，脖子上常系有丝带，这类纹样随着粟特器物的东传，也影响着中国的纹样变化。

粟特银器之带把杯

粟特银器之银灯

粟特银器中大角羊的纹样

粟特银器中鹿的纹样

在撒马尔罕考古研究所的文物陈列室，还可以看到很多铜镜。西方不是没有铜镜，甚至比我们还早。但西方的铜镜通常都有柄，我国的铜镜多是圆的，使用时或放在镜架上，或在镜背的穿孔钮上面系丝带手执。考古研究所陈列的镜子多是圆形带钮的，初看是中国铜镜，可细看才发现它们制作粗糙，有的只做出联弧纹，没有其他细节，因此这应该是中国铜镜的仿制品。铜镜在当时是高档商品，而中国当时的铜镜制造水平很高，所以铜镜也成了丝绸之路上的输出品，而且还在中亚被仿造。

撒马尔罕考古研究所藏铜镜

安徽六安出土西汉连弧纹镜

考古研究所也有一些发掘出土的玻璃凝结物，这些很可能是玻璃作坊的遗物，也可能是玻璃料。对中国而言，在各种材质的遗物中，玻璃比较特殊，几乎一直是以外来玻璃为主，是通过丝绸之路传到中国的。南北朝隋唐时期，玻璃制造的中心是在西亚，还不是中亚，但是中亚发现的玻璃似乎比中国发现得多，说明这里至少是中转站。

撒马尔罕位于泽拉夫尚河谷，泽拉夫尚河位于阿姆河和锡尔河之间，古代很多游牧民族都在这里生活过，汉朝时称康居，唐朝时是"昭武九姓"诸国，在该地区活动的最主要的居民就是粟特人。

粟特人对丝绸之路的贡献很大，敦煌、吐鲁番等地发现的文书中，有些属于契约类的文书，最后签名画押时常有"译语人"，这都是粟特人，说明他们中的很多人，在各地的经商活动中掌握了多种

撒马尔罕考古研究所藏发掘出土的玻璃凝结物

外语。粟特人生活的中心就是所有这些国里最大、也最繁盛的康国，而康国的中心就是现在的撒马尔罕，所以撒马尔罕建造得非常辉煌，东西南北的商品都在这里汇集、集散。

美国汉学家薛爱华（H. Schafer Edward）所著著名的《撒马尔罕的金桃》一书中，专门讲唐代的外来物品。他很早就根据历史文献对唐代的各种外来物品进行研究。传说当时撒马尔罕向唐朝进贡了一种非常好吃的桃，随后这种水果成为玄虚神妙的实体，具有了文学隐喻的意义，所以把它作为书名。

撒马尔罕大使厅壁画

现在，粟特人建造的那个繁荣昌盛的城市已经没有了，看到的只有放牧的牛、羊和荒草。1231年，蒙古军队攻陷撒马尔罕，成吉思汗下令屠杀战俘，对所有反抗居民进行大屠杀，整个城市都变成了废墟。废墟的旁边，如今建造了一座博物馆。这里进行过多次考

阿弗拉西阿卜古城遗址

阿弗拉西阿卜博物馆

古发掘，并画出古城的复原图，其中，非常重要的遗址——"大使厅壁画"就在这里，博物馆还为它做了专门的大厅陈列。

展室很有特点，十分简洁，似乎就是当年那个大厅，按原来的位置展示发掘出来的壁画。由于壁画很模糊，展示时在下面附上了清晰的线描图，以便人们更清楚地看到壁画内容。

展厅内引人注意并引发各种猜测的是《使臣图》。古代很多皇帝都有以自我为中心的概念，中国有"普天之下莫非王土，率土之滨莫非王臣"的观念，波斯认为自己是万王之王、宇宙之王、王中之王。粟特人也一样以自己为中心。在《使臣图》中，波斯、突厥、吐蕃、高丽这些都是藩属国，要前来朝贡，其中也有唐朝使臣。

更有意思的是，有一幅壁画画的是中国，那是一种想象中的唐朝故事。一边是武则天带着一群侍女在划龙舟，一边是唐高宗骑着

壁画厅

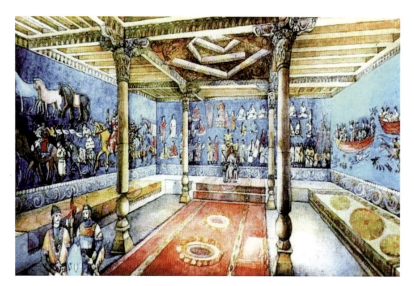

大使厅壁画彩色复原图

使臣图

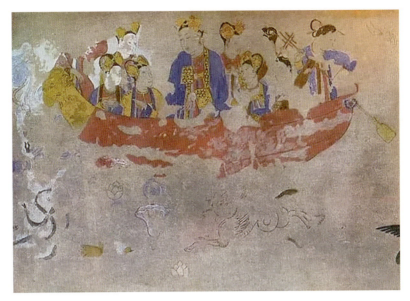

武则天乘龙舟

唐高宗猎豹

一匹高头大马在打猎，这就反映了当时粟特人对唐朝的印象。在一个大厅内，用了很大的面积描绘唐朝，说明当时两国关系非同一般。

国外学者的研究也值得我们借鉴。比如被称为《使臣图》的画面损毁很严重，特别是上面部分，国外学者绘出各种各样的复原图。历史永远是碎片，不可能有完整的记录，就是要大胆地假设、小心地求证。对考古来说，发挥想象力十分重要，当然这种想象力不是文学创作。

在离撒马尔罕不远的地方，我们还参观了一处野外遗址，据说是"昭武九姓"之一米国的遗址。米国在《大唐西域记》作弭秣贺国，迁徙到中国的子孙遂以国名汉化为姓氏，称米氏。

这处遗址在河边上，看起来像一个城堡，因为不可能住很多的人，应该具有军事性质。一个很奇怪的现象是，小城堡的外面，还有一个与之分离的土台，城堡和土台并不相连，如果要联系，需要在两者之间建立桥或吊桥，这很明显是一种防御性措施。在我看来，之所以出现这样的小城，与其说是守卫防御，不如说是设卡收税。因为在防御上稍遇到大一点的进攻，它就无法抵抗，它的作用不过是为了从来往的商队中得到一些实惠，或者说保障商队的安全。丝绸之路上无论是中亚还是中国，同类的遗址很多。

米国遗址

撒马尔罕考古队发掘现场

中亚历史名城撒马尔罕

撒马尔罕是中亚最值得一说的历史名城。亚历山大大帝曾经说："我所说到的一切，我所听到的一切都是真实的，只是撒马尔罕比我想象得更加完美。"这就是他到了撒马尔罕以后的感慨。玄奘西行取经的时候路过这里，也留下一段话："此处土地沃壤，稼穑备植，树木蓊郁，花果滋茂，多出善马。"马可·波罗也把这里描述成一个辉煌的城市。

很可惜，这座原本非常繁荣的城市，后来在成吉思汗的铁蹄下变成了一片废墟。到14世纪中叶，蒙古首领帖木儿经过十余年的征服，建立了从德里到大马士革、从咸海到波斯湾的大帝国，定都在撒马尔罕。由于当时他的帝国范围大，实力强，于是征集了世界各

撒马尔罕神学院

地的工匠，包括波斯的雕刻家，还有欧洲著名的建筑师，修建了一座座建筑，撒马尔罕再度兴盛，美轮美奂。现在我们在撒马尔罕看到的绝大多数建筑，都是帖木儿时代以后的。

撒马尔罕市中心有三座非常大的神学院，建于15—17世纪，是伊斯兰世界最古老的神学院。此外，还有一座非常有名的天文台。

帖木儿时代的宫廷里，收藏了各种各样的宝物，聚集了大批的学者、诗人、画家、音乐家，所以有人称之为"帖木儿文艺复兴"。帖木儿的陵也保存了下来。

帖木儿陵

帖木儿的陵很特别，里面一共有九座石棺，黑色的是帖木儿的，其余是他儿孙的。墓室非常奢华，图案细节极其漂亮。1941年，苏联考古学家格拉西莫夫在这个地方进行了考古发掘，发现了一具骨骸，头和身体是分开的。经判断，这是帖木儿帝国的第三任统治者兀鲁伯。

据说原因是这样：兀鲁伯是帖木儿的孙子，帝国的第三个王，他对科学文化特别有兴趣，曾带领一些科学家建立了一个天文台用于观察。他用占星术占卜自己的命运，说他儿子可能要抢班夺权，因此他就对儿子进行打压，最终他儿子被逼急了，杀害了他。

帖木儿时代的宫殿极其壮观奢华，但是很多建筑都被毁了。虽然如此，从留下的遗迹中也能看出当年的辉煌。目前这里已经完成

帖木儿宫殿博物馆及其所藏中国钱币

了修复，变成了一个大的遗址公园。

遗址公园内有博物馆，看得出来刚刚建成。里面展出的东西很随意，也没有什么人参观，让人感慨。展品中有些中国的钱币，残片在拼对时有明显的错误，看来这些文物还需要与中国学者进行合作研究。

乌兹别克斯坦国家历史博物馆在塔什干，在那里会看到更多的中国方孔钱，以及波斯萨珊银币。博物馆中的玻璃器对于研究中国玻璃很有帮助，因为在中国宋代的塔基里面发现了同样的玻璃器。在中国很难见到这类东西，在这个地区则很常见。

在我看来，在外国参观博物馆，陶器才是反映当地人生活最基本面貌的东西。"大使厅壁画"固然重要，但那是粟特最高级的贵族

乌兹别克斯坦国家历史博物馆及其所藏仿中国方孔钱

乌兹别克斯坦国家历史博物院藏玻璃器及陶器

河北定州静志寺塔基地宫出土
刻花玻璃瓶

生活场景，不代表整个国家的面貌。陶器能够反映当地人在那个时候最一般、最普遍的生活。

　　我们到的时候，乌兹别克斯坦国家历史博物馆正在展出这里发现的早期的纸和书。大家都知道，751年发生怛罗斯之战，唐朝大败，有些人当了俘虏，当地人从被俘的中国囚犯那里学会了造纸术，在撒马尔罕建造了一个造纸作坊，造纸术便从这里开始，向西传遍了伊斯兰世界，直至欧洲。

早期的纸和书

布哈拉、阿姆河及雅克城堡

从历史文化的角度来看，乌兹别克斯坦还有一个重要的城市叫布哈拉，古代各种民族都曾经在这里生活，是中世纪中亚地区城市的典范。不同于撒马尔罕，布哈拉老城的城市格局基本没有改变，是重要的世界文化遗产。唐朝"昭武九姓"之一安国就位于布哈拉，这里也曾经做过波斯人建立的萨曼王朝的首都，16世纪以后才被乌兹别克人建立的国家取代。当时帖木儿大帝把整个区域归为己有，所以这个古城保存得非常好。

说到布哈拉，一定要提阿姆河，那是中亚流量最大的一条河，希腊人称之为乌许斯河（Oxus），中国史书称作妫水、乌许水、乌浒水。河水源于帕米尔高原的高山冰川和上游山区降雨，流经塔吉克斯坦、阿富汗、乌兹别克斯坦、土库曼斯坦。

阿姆河一路下来，在沙漠中穿行，泥沙沉积，无支流汇入，蒸

阿姆河

发量大。20世纪50年代末和60年代初，苏联政府全面展开阿姆河流域的大型灌溉工程，修运河、修水渠、修水库。由于过度开发，世界上最大的内陆湖泊咸海的两大水源之一阿姆河进入咸海的水越来越少，咸海逐渐萎缩干涸。阿姆河两岸农田由于常年灌溉，河水含有微量的盐碱，这也使土地逐渐盐碱化，周边生态破坏了，大量原生动植物消失，几百年恢复不了。如今，咸海已经只有苏联开发前的十分之一。有人估计，乌兹别克斯坦境内的咸海水域将在十年内完全消失。

阿姆河是这个地区人类和动植物生活的摇篮，是母亲河，如今也是悲伤的河。自然环境与人类文化有着密切的关系。

布哈拉给人的感觉就是一个黄土堆砌的城市，但是仔细观察后就会发现这里也很接近古代真正的样子。考古学者在当地发掘出来了非常完整的古代驿站遗址，但和唐代官府设置的官道驿站并不完全一样，一个个非常完整，跟现在的汽车旅馆差不多。

随着伊斯兰教在布哈拉的传播和盛行，布哈拉兴建了上千座清真寺、神学院和其他祭祠场所，是当时著名的伊斯兰学术重镇。

布哈拉还有一个城中城——雅克城堡，据说始建于公元前3世纪，是如今布哈拉市内最古老的建筑之一。古代一直不断地修缮，城堡越来越高，外面看上去保存非常完整，如今城堡里面开辟成一个个陈列室，展出该地出土的各种历史文物和民俗文物。中国的青花瓷传到那里以后，他们开始制作仿制品，从明代一直持续到现在。他们还进行适当的创新，把纹样改成了具有当地民族文化传统的东西。

城中最能体现古代风格的是拱券建筑。拱券建筑在这个地区极其发达。本来，拱券为古罗马建筑的重要特征，尖形拱券则是哥特式建筑的明显特点。伊斯兰建筑的拱券有尖形、马蹄形、弓形、三

布哈拉

雅克城堡

布哈拉出土青花瓷

布哈拉仿造青花瓷

叶形、复叶形和钟乳形等。

还有一种建筑被称为"伊万",原本是波斯的,后来成为伊斯兰建筑的一个重要标志。伊万的样式是:三面有墙,前面呈开放式,上面起拱,中间是一个大厅,人们在这里做礼拜。

中亚伊斯兰建筑以穹隆顶设计而闻名,拱券除了具有良好的承重特性外,还起着装饰美化的作用。奇怪的是,中国早已掌握了拱券技术,如汉代砖石墓、隋代赵州桥,丝绸之路又畅通,为什么拱券技术没能在中国发扬光大?当然,后来的清真寺除外。

伊斯兰清真寺和神学院建筑,还采用植物和各种几何图形组成细腻的纹样,这也成为一种传统。即便现在,当地的纪念品也常用这种纹样。清真寺不许有偶像崇拜,甚至不许有动物。有解释认为,这种图案细腻到超越了人的肉眼能够见到的物质世界,是一种无限。

布哈拉附近有个考古工作站,陈列室里正在展出出土的铜镜残片,可以确定这面铜镜来自中国唐代,而出土的许多开元通宝也是从中国传过去的,当时中国钱币在此或许可以流通。

其中出土的一些造型奇异的玻璃器,参照当时的细密画,原来

伊斯兰建筑

工人在雕刻纹样

是相当于拔火罐用的玻璃器。

还要特别提及乌兹别克斯坦国家博物馆里的中国铜镜，其中有西汉时期铜镜，是考古发掘出土于墓葬中的，和其他器物有组合关系。这面铜镜与中国墓葬里面出土的一样。

博物馆还有一个铜镜残片，虽然不完整，但根据弧度就能知道这面铜镜的大小，从残缺的弧度上看，铜镜特别大，中国从来没有发现过。到底是怎么传过去的？当然也有一些仿制的铜镜，如果我们对铜镜稍微有些了解，就可以看出它与中国铜镜的不同。中国制造的铜镜绝对不可能这么草率，因为铜镜在中国人的生活当中占有很重要的地位，所以会精心刻画背后的纹样。从汉代一直到唐代，中国的铜镜都传到哪些地区，哪些地区有仿制品，这个事情很值得研究。

遗址出土的唐代铜镜残片及钱币

考察队一行

在整个乌兹别克斯坦的考察参观过程中我们发现，很多遗迹、遗物凝聚了历史的瞬间，像一个一个符号，串起了中国和西方的联系。这次时空穿越的考察，更让我们领略了丝绸之路的伟大意义：相互接触，文化的融合，文化的馈赠，才能使人类共同向前发展。

第三讲

吉尔吉斯斯坦考察记
——从李贤、李静训到李白

对于吉尔吉斯斯坦的考察，激活了我们对一个战场、几座古城，以及玄奘、李白的记忆，还有高仙芝、裴行俭、王方翼、杜怀宝、杜环、李贤、李静训等，这些联系尽管有些支离破碎，却共同构建了丝绸之路真实、悲怨、壮美的传奇。

怛罗斯古战场

吉尔吉斯斯坦原先是苏联的一个加盟共和国，苏联解体后，一些加盟共和国分离出去，其中就包括中亚五国里的吉尔吉斯斯坦。

吉尔吉斯斯坦是内陆国家，四边都不靠海，在《史记》和《汉书》里被称为"鬲昆""坚昆"，汉武帝时就与中国有来往。到了唐代，唐军平定西域最强大的对手突厥后，辖区扩大至今阿尔泰山，西至咸海及葱岭（今帕米尔高原）的东西各部，以及阿姆河两岸的诸城邦国，包括了今吉尔吉斯斯坦大部分。所以这个地区和中国不仅有密切联系，在唐代还一度被中国所管辖。

这个地方我去过两次。第一次是在我国刚刚改革开放，苏联还没有解体时，联合国教科文组织邀请三十多个国家的学者进行草原丝绸之路考察。再次重返时，吉尔吉斯斯坦已经独立成国，我特别兴奋也特别好奇，现在这个国家又是什么样子了呢？

这次我们是去参加一个关于李白的国际学术讨论会，但特意提前到了几天，目的是专程去造访怛罗斯古战场。怛罗斯之战是一场很特别的战争，要去古战场考察，必须翻越海拔近4000米的阿拉套山，这本身也是考察的一环。

吉尔吉斯斯坦境内多山，其中1/3的地区在海拔3000至4000米之间。这些山都属于天山山脉，天山延伸到中国的只是一部分，还有相当一部分是在吉尔吉斯斯坦境内，最高的托木尔峰位于中吉边

天山雪域

界，海拔7443米。这些地方常年积雪，还有很多冰川，山地之间有伊塞克湖盆地、楚河谷地等。

盛唐时，这个地方崛起了一个非常强大的帝国——阿拔斯王朝，中国文献里叫黑衣大食，就是阿拉伯人。这个帝国消灭了著名的波斯王朝，对中亚地区影响深远。

黑衣大食崛起后，便与东方大帝国唐朝产生了地区争夺上的矛盾。唐玄宗天宝十载（751）七至八月，两大帝国在怛罗斯开战，这是当时最强大的东西方帝国之间的直接碰撞，战争的结果是唐朝大败，黑衣大食胜利。

当时唐朝的将军是高仙芝。高仙芝是高句丽人，六七岁就来到唐朝，在军事上很有天分，且善于打山地战，被誉为"山地之王"。

开元年间，吐蕃和突骑施等联盟争夺西域霸权，"西北二十余国皆臣吐蕃"，这些小国中断了对唐朝的朝贡，唐朝几任安西节度使数

唐朝地图

次派兵讨伐，皆因地势险要，行军异常艰苦，无功而返。天宝六载（747）三月，唐玄宗下诏高仙芝为行营节度使，率领唐军前往，一路披荆斩棘，声威大震，很多小国都投降归附了。天宝八载（749）十一月，唐朝再次调发安西兵助战，在对吐蕃的战争中取得了全面胜利。

可是高仙芝个性高傲又贪功，天宝九载（750），他率军进攻与唐朝关系友好的石国（位于今乌兹别克斯坦塔什干一带），而且是先和约后突袭，纵兵杀掠屠城，引发了中亚一些小国的不满和害怕。逃走的石国王子到各国游说求援，黑衣大食开始联合中亚各小国准备进攻唐朝。

高仙芝率唐朝军队三万多人越过葱岭，到达怛罗斯城，深入大食七百余里。按照史书的描述，怛罗斯之战双方激战五日，没想到关键时刻，唐朝军队里的葛逻禄人（原来投降的西突厥部队）突然

进入怛罗斯古战场的公路

叛变，和大食一同夹击唐朝军队，高仙芝率众杀出一条血路，仅带数千人生还。我们路过的一段狭窄的山谷，也许就是唐朝军队与大食激战的地段。

怛罗斯之战的主战场，被认为是跨越山谷后的平原，这个地方现在根本看不出任何战争的迹象，也没有发现任何古战场的遗留物。虽然有一条公路，但几乎没有人走，因为这条路连接着吉尔吉斯斯坦和哈萨克斯坦，他们原来是一个国家，但现在已经各自独立，所以道路虽没封，却很少使用了。

因为没有进行过大规模的考古调查，怛罗斯战场的确切位置还未完全确定，但应该在葱岭以西、吉尔吉斯斯坦与哈萨克斯坦相邻边境的塔拉兹地区。吉尔吉斯斯坦认为在吉方，哈萨克斯坦认为在哈方，但实际上只是一河之隔。

一条几步就可跨越的小河，竟然成了自由沟通的鸿沟。分裂与统一，政治概念的对与错，历史上看是一个事件，文学描述是一个分久必合、合久必分的故事，但对百姓来说则是徒然增添的乡愁家愁。原本是邻居亲戚，晚饭后就可以相互走动，如今一条小河或一道铁丝网，便成国境线。人性原本区别不大，主义和利益是造成冲突甚至战争的主要原因。

关于这场战役的原因和参战人数，中国、阿拉伯、突厥的文献都有记载，还被拍成了纪录片（《怛罗斯之战：大唐帝国最失败的一场战役》）。这场战役影响重大，它改变了亚洲的政治格局和历史进程，大唐帝国失去了控制中亚和丝绸之路的霸主地位，畅通的陆路丝绸之路从此衰落。到8世纪中叶以后，再提丝绸之路，主要就是指新兴的海上丝绸之路了。

怛罗斯古战场遗址

碎叶城与李白

离怛罗斯战场不远有碎叶城。

贞观二十二年（648），唐朝在龟兹、焉耆、于阗、疏勒正式建置军镇，由安西都护府来统辖，之后时置时罢，名称、地点也时有变动。安西四镇是中国控制西域最西部的军事机构，其中非常有名的就是碎叶城。

碎叶城之所以有名，除了是设在最西部的军镇，还因为它和唐代大诗人李白联系在一起。名满天下的李白，出生地却是个谜。有人说是四川江油，有人说是陇西成纪（甘肃秦安），甚至有人说是湖北安陆，还有一种说法就是吉尔吉斯斯坦的碎叶城。有人认为他有胡人血统，是唐朝唐高祖李渊嫡长子、开国太子李建成之后人。《新

碎叶城遗址

唐书》记载："李白，字太白，兴圣皇帝九世孙。其先，隋末因为犯罪迁徙至西域，神龙初返还，客居陇西。"也就是说李白在8世纪初年才回到甘肃秦安。

有相当一部分学者认为李白就出生在吉尔吉斯斯坦，比如陈寅恪先生《李太白氏族之疑问》、郭沫若《李白与杜甫》，都考证李白出生在碎叶城。

碎叶城（Suyab），当地称阿克·贝希姆遗址，位于今吉尔吉斯斯坦楚河南岸托克马克市西南八公里处。该城为唐将王方翼所修筑，以取代焉耆镇，是中国在西部地区设防最远的一座边陲城市，但现在一片荒芜。

关于碎叶城的文字记载不多，但出土文献和考古材料在一定程度上可以丰富我们的认识。如考古学家们在城内发现唐代钱币，上面有"开元通宝"和"大历通宝"的字样；这里也曾发现过吉尔

阿克·贝希姆遗址

吉斯斯坦境内最早的基督教古迹，即一座7至9世纪间的景教教堂。1982年，在阿克·贝希姆古城发现一块非常重要的汉文石碑残件，是唐安西副都护碎叶镇压十姓使上柱国杜怀宝为祈其亡妣冥福所立，敬造了一佛二菩萨像，并题铭勒记。

20世纪90年代初，日本学者林俊雄等将碑铭拓片、照片及有关研究成果予以刊布，引起了国内外学界的强烈关注。碑上有杜怀宝的名字，确凿证明了阿克·贝希姆故城废墟就是碎叶城遗址，学术界对于碎叶城遗址究竟该在何处的争论，至此尘埃落定。

碎叶城，除了李白，还与很多名字联系在一起：裴行俭、王方翼、杜怀宝、杜环、高僧玄奘……

唐朝名将、政治家裴行俭在军中所提拔的副将王方翼修筑了碎叶城。"筑碎叶镇城，立四面十二门，皆屈曲作隐伏出没之状，五旬而毕"。现在的废墟虽未全面发掘，但隐约可见王方翼所筑碎叶城的影子。当时裴行俭选择王方翼筑城，也是知人善任。王方翼原来在甘肃带过兵，曾发动士兵修建城墙，引水环绕城墙，建立烽火台和加强巡逻守卫。史书上提到将军修城的不多，看来王方翼对建造城池军事防御很内行。

杜怀宝做过安西都护，唐占据碎叶城之前，他被调整为庭州刺

杜怀宝造像基座及文字

史。当叛乱平定，王方翼修筑碎叶城完成后，唐高宗一道诏书又将二人职位对调，杜怀宝被派往碎叶任安西副都护、碎叶镇守使，王方翼调任庭州刺史。杜怀宝远离家乡去往中国最西部边陲的军镇任官，而且还降职了，可以想象他当时的心境。一佛二菩萨像是他为追思母亲立的，思念亲人的情绪，只好在佛祖这里寻找安慰了。

还有一个人叫杜环，他写过一本书叫《经行记》，原书已失，但部分内容保存在他叔叔杜佑编纂的《通典》卷一九三《边防典》中。在公元751年怛罗斯之战唐军溃败后，杜环被俘，但这也给他提供了一个到阿拉伯世界游历的机会。十多年后，杜环经海路回到广州，后来写下《经行纪》，其中记载说，碎叶城是昔日交河公主所居住的地方，建有大云寺，杜环到碎叶城的时候这座寺仍然存在。

唐时，武则天利用《大云经》作为登基称帝的政治宣传品，颁令在天下各州建立大云寺，存放《大云经》。碎叶城虽然只是军镇城，也要执行中央政府的政令，建立了大云寺。现在考古发现的大云寺基址，与杜环《经行纪》里的记载完全吻合。这说明在武则天时期，唐朝对偏远地区的控制非常严格。

还有玄奘，他在《大唐西域记》中记述："山行四百余里至大清池……清池西北行五百余里，至素叶水城。城周六七里，诸国商胡杂居也。"素叶水城就是碎叶城。《大慈恩寺三藏法师传》也载："至素叶城，逢突厥叶护可汗。……既与相见，可汗欢喜，云：'暂一处行，二三日当还，师且向衙所。'……三日可汗方归，引法师入。……法师去帐三十余步，可汗出帐迎拜，……因留停数日，……又施绯绫发服一袭，绢五十匹，与群臣送十余里。"

除了这些名人，历代王朝的使节、商人、僧侣和军队曾一批又一批地来到这里，在这条古道上沿着天山北麓的峡谷西行到楚河流域和西域各国。

李贤墓与李静训墓

玄奘离开伊塞克湖几十年之后，李白在这块土地上诞生了。他为什么会出生在碎叶城呢？

隋代大业年间，朝廷发生一起大案，权臣李浑被告谋反，李浑、李敏等宗族三十二人被诛，李门中幸存的老幼皆徙岭外，其中有一房流寓到碎叶。学者考证，流寓到碎叶的李氏一房，即为李白的五世祖。

这场大案实际上是一场冤案，隋朝大臣李浑想继承爵位，"谓妻兄太子左卫率宇文述曰'若得袭封，当以国赋之半，每岁相奉'"。结果"二岁后，不以奉物分述"，宇文述帮了他的忙，他却没有回报，宇文述怀恨在心。后来诬陷李氏要篡位。李氏家族当时十分强大，已经引起皇帝的警惕，因此皇帝借机做成铁案，结果整个家族有官职的被杀，剩下的人全部流放。

有两个考古重要发现可以与文献记载对应参照。

1957年，陕西西安市发掘了隋代大业四年（608）的李静训墓，二十六年后的1983年，宁夏固原南郊发掘了北周天和四年（569）李贤夫妇墓。李贤是李静训的曾祖，亲缘关系密切。从地域上看，一个葬在宁夏固原，一个葬在陕西西安。从朝代上看，一个是北周人，一个是隋代人，这是少见的巧合。

李贤夫妇墓是现在已发现的北周墓里出土文物极为丰富的墓葬，其中有成套的彩绘陶俑。这些北周时期的陶俑，背部扁平，每一类陶俑体形基本一致，外轮廓鲜明，缺乏细部刻画，身体多施白色，服装、甲胄等用红、紫、黑、白色彩绘，是北周代表性的陶俑的特点。李贤夫妇墓里还出土了一个波斯萨珊王朝的玻璃碗，保存得非常完好，凸起磨花玻璃。据我所知，全世界类似的玻璃碗保存

宁夏固原李贤夫妇墓出土陶俑　　　宁夏固原李贤夫妇墓出土陶马

这么好的并不是很多，而且都是传世品，这件是在有纪年的墓里出土的。（见第8页图）

　　另外，李贤夫妇墓出土了一个鎏金银胡瓶，这在全世界范围内来说也是个精品。它的具体产地在哪看法不一，一般认为是在中亚，瓶上的图案展开是六个人，选材于《荷马史诗》中著名的希腊神话金苹果的故事。

　　李贤在北魏、西魏、北周三朝为官，世居原州，就是现在的宁夏固原。他在北周政权的建立过程中立下了汗马功劳，而后曾担任使持节、河州总管、洮州总管、统领三州七防诸军事、河州刺史、洮州刺

宁夏固原李贤夫妇墓出土
鎏金银壶

史、瓜州刺史、原州刺史等要职，成为北周政权西陲的权臣。可以说，他是当时当地最高的军事长官和行政长官，负责保障丝绸之路的畅通、商业贸易的安全。所以墓葬规模很大，随葬品也很好。

再看李静训墓。

李静训，字小孩，陇西成纪（甘肃秦安）人。李静训墓是一个非常特殊的隋代墓葬。这是一个长方形竖井土坑墓，规模很大，长6.05米，宽5.1米。这个墓葬里边出土的东西特别多，可以作为隋代考古的一个标尺。

古代一直讲"葬之于野"，墓葬是不能够放在城里的，但李静训墓就在城中的道观里。另外，按制度，人埋葬都不得以石为棺椁，可是李静训墓却有石椁，棺材是放到椁里边的，这些特殊耐人寻味。

现在发现的隋代、唐代的墓葬中大约有二十多个带石椁的墓，比如章怀太子李贤、永泰公主等等。墓葬中发现石椁，全都有特殊的原因，这些人确实与众不同。文献记载，李贤的后代李穆功绩显赫、官位隆高，隋文帝下诏"自今已后，虽有愆罪，但非谋逆，纵

李静训墓石椁

有百死，终不推问"，丧葬时特别"赐以石椁、前后部羽葆鼓吹、辒辌车"，这就是一种特殊的表彰。可见任何时候都会有制度，但也都会通过特例违反制度，来达到特别的政治目的。

李静训是北周大将军李贤的曾孙女，隋代光禄大夫李敏之女。她自幼深受外祖母周太后杨丽华的溺爱，一直在宫中抚养。隋炀帝大业四年（608），殁于宫中，时年九岁。杨丽华十分悲痛，以厚礼葬之，非常奢华。

研究隋代的玉器、瓷器、金银器等等，一定会讲到李静训墓。墓中出土的玉器，玉质非常好，而且带金扣，是最高级的。还有白瓷，是有纪年墓里出土的中国最早的白瓷之一，做工也是最好的。白瓷鸡首壶非常有特色，小扁壶也极为罕见。这个墓里还有二十多件玻璃器，是迄今为止出土玻璃器最多的墓。

学术界公认，早期的钠钙玻璃是西方的，铅钡玻璃是中国的。经过检测，李静训墓中的玻璃器既有钠钙玻璃，又有铅钡玻璃。重要的是，有的钠钙玻璃器形是中国的。通过这个墓里面出土的玻璃器，可以知道隋代已经掌握了西方制作玻璃的技术。

李静训墓还发现一件嵌宝石的金项链，是中国发现的最好的一件，这是件外来的物品无疑，但是具体产自哪里不知道，至今我在国外博物馆和已出版书籍中，找不到可以类比的标本，或比它更精美的。

北周、隋代墓葬发现甚多，出土精美的外来文物的墓葬却极少，为什么这些精美的外来品恰好出现在不是同一个时代的李氏墓葬中？答案应该饶有趣味。

李氏家族太特殊了。李贤能带兵打仗，深得朝廷信任，"王师东讨，朝议以西道空虚，虑羌、浑侵扰，乃授贤使持节、河州总管、三州七防诸军事、河州刺史"。

李贤的弟弟李穆，历任同州刺史、原州刺史、雍州刺史、直州

李静训墓出土项链

刺史、原州总管、并州总管。另一个弟弟李远，历任长城郡守、高平郡守、原州刺史、河东郡守。

固原地区有胡人聚族而居，当地已发现粟特人后裔的墓群，其中有史射勿墓，志载："其先出自西国"，"天和元年（566），从平高公于河东作镇"，"建德五年（576），又从申国公击破轵关，大蒙优赏"。平高公即李贤之子李询，申国公是李贤之弟李穆，即粟特人史射勿曾跟随李询、李穆坐镇出征。到了隋代开皇二年（582），史射勿又"从上开府岐章公李轨，出向凉州，与突厥战于城北"。李轨也是李贤之子。

也就是说，李氏以军人世家长期经营河西，与胡人关系密切。

李静训墓出土白瓷双耳扁瓶 李静训墓出土白瓷鸡首壶

李静训墓出土玻璃杯 李静训墓出土玻璃杯

他们在战争中多次取胜，无论是战争中缴获，还是直接从胡商或外国使臣手中获得，李氏家族最有机会获得这些东西。

后代李浑被告谋反，李氏家族除了被杀，剩下的都流放到了岭南，有一支到西域去了。联想到他们祖上李贤曾经营西域，及其与胡人之间的紧密关系，我们不难理解其中的缘由。

整个李氏家族一直到隋代大都是军人，其中只有对李敏的描述有点不同，说他"美姿容、善骑射，工歌舞管弦。开皇初，周宣帝后封乐平公主，有女娥英，妙择婚对"。（《旧唐书》）可知李敏并非叱咤沙场的勇士，而是具有帅气外表和歌舞才艺的文艺青年，以其风流才华成为周宣帝的女婿。在能文能武的李氏家族后代中，出现持剑走江湖的诗人李白似乎理所当然。

伊塞克湖和东干村

到吉尔吉斯斯坦，一定会去伊塞克湖，这是该国著名的游览景点，在古代丝绸之路上还有特别的意义。伊塞克湖在中国古代文献中称图斯池、热海、清池，它是世界上最深的高山大湖，而且常年不封冻，湖面海拔1608米，平均水深278米，最深处达668米，两边雪峰平均高度3700米，周围为天山山脉所围，汇入河流五十余条。

《大唐西域记》记载："山行四百余里至大清池。周千余里，东西长，南北狭。四面负山，众流交凑。色带青黑，味兼咸苦，洪涛浩瀚，惊波泪忽，龙龟杂处，灵怪间起。所以往来行旅，祷以祈福。水族虽多，莫敢渔捕。"《大慈恩寺三藏法师传》记载"清池亦云热海。见其对凌山不冻，故得此名，其水未必温也。……周千四五百里，东西长，南北狭，望之森然，无待激风而洪波数丈"。

凡是与丝绸之路有关的书，几乎都会描述这个地方，这里的确景色奇异美妙。当年这一地区是成吉思汗儿子的属地。据说，成吉思汗去世后，其后人秘密地将成吉思汗遗体和众多的财宝运到湖区，并制作了巨大的石棺，将遗体和财宝装入其中并沉入湖底。参与工程的人都被杀死，藏宝的秘密至今也没有被揭开。

伊塞克湖里确实有古城堡遗迹，考古学家们曾从湖底打捞出一

伊塞克湖

些成吉思汗时代的生活用品和古钱币，但能否和成吉思汗联系在一起，还有待更多的考古发现。

在吉尔吉斯斯坦，我们还参观了一个名为"东干人"的村庄。为什么叫"东干人"？有很多说法，其中最容易被理解的是，因为他们来自东部的甘肃。让人完全想不到的是，这些中国人很久以来几乎是与世隔绝地生活，像是晚清的"活化石"。

清朝末年，西部发生过回民叛乱，朝廷派左宗棠去镇压，一部分造反军残部和家眷逃脱了清军的前堵后追，翻越雪山来到吉尔吉斯斯坦、哈萨克斯坦等地，并形成一个个聚落在那里生活。此后一百多年，他们不仅跟中国大陆之间没有联系，也没太融入到当地和俄罗斯的社会当中，一直保持着自己独特的生活习惯及文化传统。他们的节日服装全是清代的，回族饮食中的八大碗也十分地道。这种现象透露出一些很重要的信息，就是移民的文化交流中，人们如何落地生花，维系血脉，拒绝或接受不同的文化。

最有趣的是他们保留了陕甘方言，他们把政府机关称作"衙门"，官员称为"大人"，警察是"衙役"，选举总统叫"选皇帝"。对于现代汉语中的"照相机""电视"等的称呼多从俄语中转借。

我曾两次来到东干村，上一次是1991年，这次时隔二十多年后，我看到这里发生了巨大变化，东干人也开始跟中国大陆做生意，还开发旅游业。随着经济的发展和对外开放，顽强生存下来的东干人，也随时代的大潮开始变化。

对于吉尔吉斯斯坦的考察，激活了我们对一个战场、几座古城，以及关于玄奘、李白的记忆，还有高仙芝、裴行俭、王方翼、杜怀宝、杜环、李贤、李静训等等，这些联系在一起，再参照文献记载，抚摸文物，尽管有些支离破碎，却共同构建了丝绸之路真实、悲怨、壮美的传奇。

今天的东干人

第四讲

昆仑河源考察记

对于考古来说，尤其关于丝绸之路，走万里路
比读万卷书重要。我们想知道，玄奘经过了哪
些地方？马可·波罗是走了哪条路？高仙芝又
是怎么率军到达中亚的？实地考察后，对历史
事件的体会以及对历史事件和人物的理解肯定
有所不同。

为什么要走这条路

2016年的夏天，我接到一封来自新疆的信：

> 2016年9月1-8日在喀什、克州进行"昆仑河源古道科考"，10日在乌鲁木齐市举办"昆仑河源古道与昆仑河源文化学术研讨会"，特邀请您届时光临，并期待您的会议论文或发言论题。请尽快回函确认（可电子回复）。

很久之前中国社会科学院考古研究所新疆考古队的巫新华博士就曾对我打过招呼，说过这一考察的设想，但困难重重，他正在极力运作。如今居然成行，我还是吃惊不小。

我当然要参加，并立刻对这段时间做了安排，无论是什么事情，都要为这次考察让路。人生的机会有时可以通过努力来争取，但有时可遇不可求。去昆仑河源古道的机会，千载难逢。

对于丝绸之路的研究和关心，其实很早就开始了，如今出现了高潮。就汉唐考古而言，深入研究丝绸之路，对于了解中国历史的走向与变化尤为重要。

丝绸之路的研究，与其他学术课题的区别是，实地考察是必须的。对于学者来说，不是去了敦煌、吐鲁番就等于去了丝绸之路，无论多么重要的点，都代表不了线，路线链接着各个点，点线结合才能构成更真实的历史画卷。而实地考察有时非常困难，必须要去一般人

天山雪山、湖泊

去不到的地方。近年来，在学术界之外一些关心文化事业，又有实力的机构的赞助支持下，我们有机会更加深入地对丝绸之路进行考察，此次我所分享的"昆仑河源考察记"就是出现在这样的背景下。

仔细观察便会发现，以往很多书里所附的丝绸之路示意图，或多或少有些不同，其实很多都是将一些重要的地点在地图上连上线，所以只能说是示意图。历史是由细节构成的，只有到实地去考察才能发现想要的线索。古人说："纸上得来终觉浅，绝知此事要躬行。"在考古这行，尤其对于研究丝绸之路，走万里路比读万卷书可能还要重要。

为什么要去丝绸之路的昆仑河源古道？这里有很多具体的原因。

中国过去发现了很多外来文物，金银器是一类，玻璃器是一类，丝织品是一类，这些东西是从哪来的？又是怎么来的？

我们还很想知道玄奘都经过了哪些地方，马可·波罗是走了哪

丝绸之路示意图

条路？高仙芝又是怎么率军到达中亚的？对很多历史上熟知的事件，如果追究一下细节，会有很多疑问，如他们走的是哪条路，有什么装备，穿什么衣服什么鞋，有些细节甚至对成败影响极大。实地考察之后，对历史事件的体会自然不同，对历史事件和人物的理解可能更深。

去昆仑河源古道是一次综合性科考。参加者有考古的、自然科学的、地理的、测量的等，还有媒体记者，当然还有司机和后勤保障人员。不同专业的人员聚在一起，可以取长补短、互相启发、互相帮助。对于这次放眼东西、难能可贵的旅程，大家都怀着很高的期待。

沿着叶尔羌河——出发

这次考察的地点是在新疆昆仑山的深处，自然不是一件轻松的事，要四次上到海拔将近5000米的地方，这必须要有军队和地方政府的协助。古代往返于丝绸之路上的商人、各种宗教人士、国家使团和探险家们，演绎出很多神秘、优美和惊心动魄的故事。亲自到达故事发生的现场，通过我们自身的意志和内心体验，对探索他们在极端环境下如何生存很有帮助。

考察队在喀什集结，二十多辆性能良好的越野车队十分壮观。我们到达的第一个地点是莎车县的亚克艾日克烽火台。这座烽火台虽然经过修复，但格局没变，它所处位置非常特殊，背面是绿洲，前面是荒漠戈壁。毫无疑问，这是一个重要的门户。我想它未必是一座简单的烽火台，更可能是一个哨卡类的小城堡，是绿洲与荒漠之间非常精准的分割点。古人从此一别，成功与失败，生存与死亡就紧紧地捆绑在一起。这里才是我们考察的实际出发点。

叶尔羌河

科考越野车

考察队在安营扎寨

接下去的路途，也会遇到一些绿洲。新疆干旱少雨，一旦下场雨，道路常被冲垮，我们去之前正好下过几天雨，因此第一天就没有完成原来计划的路程，在被洪水冲断的路上无法前进，只好就地扎营。

第二天，换路前行，顺着叶尔羌河溯流而上。沿着现代公路驱车前行，河对面是古代的路，有时竟是在山崖峭壁上，十分狭窄，还能看到有的地方有简易的古栈道痕迹。据汉代历史文献记载，在这些地方就经常有人马掉下去，看来不是虚话。

河两岸都是石头山，寸草不生。在一处山崖上，有一处稍内凹又十分平整的山体，酷似一个巨大的脚印。大凡有奇特的自然现象，就会产生离奇的故事。当地有的传说是佛祖的脚印，有的说是穆罕默德的足迹，还有说是玄奘东归留下的印记。

山崖上有一处酷似巨大的脚印

叶尔羌河源于喀喇昆仑山的冰雪融水，上游急流汹涌，在深深的峡谷之中，上游和塔什库尔干河交汇处，所谓"泾渭分明"在这里更为明显，可惜我们来之前刚下过雨，没能见到。这里地势很高，只有几户人家，主要是一个边防哨所。老远就能看到在哨所旁立了一块白色的石头，上面写着红色的"奉献"二字。边防战士中，90后约占一半，分别是汉族、回族、维吾尔族、柯尔克孜族和锡伯族。在这里，手机只能接收到时断时续的2G信号，看电视是战士们打发寂寞的最主要方式。他们的生活极其艰苦，有时几天见不到一个人路过。来自各个地方的考察队男男女女的到来，大概是这里难得一见的事情。他们很热情地为我们准备了午饭。吃哨所的饭可不是一件小事，在高海拔山上的哨所，食物全靠山下提供，因为哨所日常的菜、肉等生活物资要到一百多公里以外的阿克陶县采购，每

叶尔羌河和塔什干河交汇处

十天左右采购一次。开车单程通常需要六到七个小时。如果遇到泥石流或者山洪冲断道路，他们就会十几天忍饥挨饿。用水全都取自脚下的塔什库尔干河，用电完全依靠太阳能。招待考察队几十号人一顿并不丰盛的午餐，耗费了他们珍贵的给养。这些只有十几二十岁的年轻战士，他们的工作的确是一般人无法想象的"奉献"。战士们很热情，要求我们考察队留下"墨宝"，没有宣纸，他们就拿出洁白的床单当纸。

"守候"，是一个艰涩苦难的词汇；"奉献"，应该令人肃然起敬。

都说"玉出昆仑"，在这里眼见为实。其实这早在《史记》里就有记载了。《史记·大宛列传》记载："而汉使穷河源，河源出于阗，其山多玉石，采来，天子案古图书，名河所出山曰昆仑云。"但现在

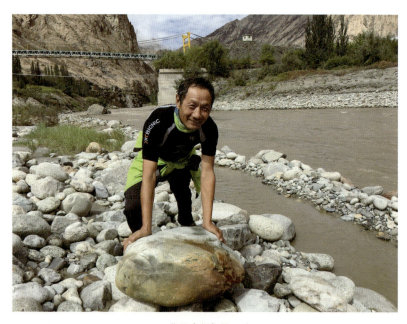

玉化程度很好的石头

好玉已经非常少了，开采难度也大。不过这里的河滩上，竟然还很容易找到玉。因为人迹罕至，把玉石抬到路上是个力气活，要装上车运出也很难，所以"玉出昆仑"并非传言，但要获得可是真难。

叶尔羌河一路蜿蜒曲折，然而行至库斯拉甫乡西南二十公里的一处山谷里，来了一个非常华丽的360度大转弯，十分壮观。还留下一片柔软的河滩，植被虽不茂盛，却看得到胡杨与鲜花牵手的倩影，这里是叶尔羌河最漂亮、最悦目的地方，当地人称作月亮湾。这里成了我们理想的宿营地。

四周是茫茫群山，狂风暴雨将山体雕刻得棱角分明，一沟一壑都显露着威严。站在这广阔的天地之间，倾听着流水声在群峰丛中回响弥散，我想的是：当年玄奘靠一人之力，没有资金、装备，靠坚定的信仰和顽强的意志，用双脚走通了这条路线，这是何等的伟大！

叶尔羌河到这里来了一个360度大转弯

就这样走了三百多公里以后，我们终于看到了雪山。这意味着海拔在不断升高，真正到了帕米尔高原，连绵的雪山坐落在眼前。

　　接下来，我们来到瓦罕走廊，这是帕米尔高原和兴都库什山脉之间的一个山谷，这个狭长地带可从阿富汗通往中国，整个走廊东西长约三百公里，是华夏文明与印度文明交流的重要通道。东晋高僧法显、大唐高僧玄奘都曾经过这里去印度研究佛法。

　　瓦罕走廊的第一个遗址是个小城堡，坐落在一个不大也不高的山丘上，但爬上去也会气喘吁吁，因为这里海拔很高。站在遗址上望去，下面是相对宽阔而平坦的走廊，两边的山峦之间有一条河，是季节性的河，有时候水大，有时候没水。城堡上可清晰看到来往人员，此处是守卫设卡的绝佳地点。

走了三百多公里后，终于见到了雪山

瓦罕走廊

瓦罕走廊的小城堡

圣山昆仑与"河出昆仑"说

接下去向纵深进发，步步升高，随着海拔增高，缺氧感觉明显，巍巍昆仑就在眼前。中国古代文献中经常提到昆仑山。《淮南子·地形训》说："昆仑之丘，或上倍之，是谓凉风之山，登之而不死。"《山海经·海内西经》记载："昆仑之墟，方八百里，高万仞……百神之所在。"《史记·大宛列传》说："昆仑其高二千五百余里，日月所相避隐为光明也。其上有醴泉、瑶池。"

不难看出，昆仑山是中国古人心中的圣山，也是很多神话传说的发源地。中国早期的地理著作《山海经》《尚书》和《水经注》也都不止一次提到昆仑山，其中大多数记述都带有神奇的色彩。上古神话中至高无上的女神西王母，就住在昆仑仙境中的瑶池，遥望雪峰，犹如传说中的西王母飘逸的裙纱。汉代以来，对昆仑之谜，人们不断求索。要研究中国古代文化，似乎避不开昆仑。

昆仑山在中国历史文化中的重要性，还在于《尚书》和《史记》等都说到的"河出昆仑"（古代提到河就是黄河），即黄河的源头是在昆仑山。

《史记·大宛列传》中还记载："汉使穷河源，河源出于阗，其山多玉石，采来，天子案古图书，名河所出山曰昆仑云。"这句话是说汉武帝在听取张骞的考察汇报之后，仔细查阅地图和文献，慎重研究思考之后确认昆仑山是黄河的源头。这个观念影响了中国两千多年的历史文化。

《汉书·西域传》又说："其河有两源，一出葱岭山，一出于阗。于阗在南山下。其河北流，与葱岭河合，东注蒲昌海。蒲昌海，一名盐泽者也，去玉门、阳关三百余里，广袤三百里。其水亭居，冬夏不增减，皆以为潜行地下，南出于积石，为中国河云。"认为于阗河向北流，与葱岭河汇合后向东注入蒲昌海（即今新疆东部罗布泊）到那之后就潜入地下，后来又在位于今天甘肃境内的"积石山"再度冒出地面，那就是黄河之源。这就是把帕米尔山、昆仑山东流的塔里木河的主要支流——和田河、叶尔羌河作为黄河的上源。华夏民族的母亲河——黄河之源的神圣传说源自西汉，此后被历代信奉，河源、昆仑就等于国脉。

"河出昆仑"属于古代神话般的地理观念，按照现在的科学和地理考察，黄河之源已经很清楚了。但古人的误解或想象，具有历史文化意义，它对中国文化的构成和国家版图产生了观念性的引导。

黄河和昆仑，是中华文明的两大代表符号，歌颂中国常常用"巍巍昆仑""滔滔黄河"的词语。昆仑之水又是古人心中的黄河之源，"河出昆仑"之说便默契地"并肩执手"，正反映出黄河和昆仑是中国文化心理中的山和水。

山川河流对于古人来说，是重要的生存条件，崇拜巨大的山脉和河流，就会有想象，有传说，这些想象和传说中隐含着政治、宗教和文化的意义。司马迁在《史记·大宛列传》中说，"今自张骞使大夏之后也，穷河源，恶睹本纪所谓昆仑者乎"，这反映了古人对昆仑山、河源的认识过程，也体现了当时的外交、军事和地理的探索。这也是我们为什么要去考察昆仑河源的原因之一，我们希望了解古人为何这么想。这次考察之所以叫"昆仑河源考察"，也正是出于这个原因。

昆仑山范围广大，我们具体去的那个地区在哪呢？就在现在中国地图的最西部，塔里木盆地的最西边，昆仑山脉的西部。在中国古代历史地图上，就有皮山县、莎车县这些地名，现在还一直沿用。从这里再向西就是现在的国境线了。

昆仑山是万山之祖、万水之源，它的底盘、容量太大了，所以，能够接近它，并到达山中，是从古到今很多人的愿望。中国古代留下名字的旅行家、探险家不多，这些人是因为信仰或者政治军事原因，走出了极为艰险的道路，他们具体走的哪条通道还不十分清楚。翻越昆仑山的路不止是艰难，应该说是凶险，但这没有阻止那些英雄人物的步伐。目前给到过这一带的一些人立了碑。

意大利人马可·波罗（1254—1324），他从西方穿越瓦罕走廊，来到中国。他的事迹在西方的影响很大，《马可·波罗游记》一书有很多版本。

汉代高僧安世高和东晋高僧法显，是最早走过这条路线并留下姓名的僧人。还有玄奘，他是非常了不起的人物，虽然是虔诚的佛教徒，却写出了《大唐西域记》这本文学名著、历史名著、地理学名著。这部书在当时还是情报汇编，因为当时人们对西方了解不

昆仑山

多，也没有很多信息来源。唐太宗非常重视玄奘的西行经历和他拜访过的国家，因此支持玄奘将他在西域的事情一一记录下来，也作为自己制定国策的重要参考。后来唐高宗又支持玄奘修建了现在西安的大雁塔，用来收藏他从印度等地带回的佛经，玄奘此后便开始翻译佛经。很多印度佛经在当地已经失传，却能在中国找到汉文译本。

玄奘西方取经是件大事，意义重大，可他是如何不辞辛苦地带回那么多经典呢？也就是说，他从哪条路东归唐朝的呢？

神秘的"公主堡"和"石头城"

在寻找玄奘东归的路线时，我们途经了塔什库尔干县城以南约七十公里一个叫公主堡的地方。这处古代遗迹坐落在海拔四千多米的山上，突兀高耸。一百多年前，英国探险家斯坦因从西方阿富汗的瓦罕走廊方向过来，来到塔什库尔干，将这处遗迹断定为"公主堡"。为什么？因为斯坦因十分景仰玄奘，不仅仔细研读过《大唐西

眺望公主堡

域记》，而且在西域考察时一直随身携带这本书。

　　玄奘在《大唐西域记》里记载了一件很有意思的事情：传说曾有一位波斯王子要迎娶一位汉族公主，迎亲队伍回来途中路过这里时，突然遇到战乱，为了保护公主，他们来到一处孤岭危峰住下，周围严密禁卫，外人根本不能上山。战乱渐渐平息，就在他们将要重新启程时，却发生了一件令人难以置信的事情：公主有了身孕，这令迎亲使团十分尴尬和恐惧。公主自己也说不清楚为什么怀孕，据公主的贴身侍女称，每天中午，有一个伟岸的男子从太阳上骑马下来与公主相会。迎亲使团清楚，带怀孕的公主回去，波斯王子肯定不能接受，可公主也无法再回娘家。于是，他们就在孤峰上安营扎寨。后来公主生了一个男孩，长大之后被立为王，自此以后繁衍生息，成为朅盘陀国的祖先，朅盘陀国王自称是"汉日天种"。

　　将文献、遗迹和地理位置联系在一起，这个地方就被断定为"公主堡"。当然这个故事有些神话色彩，但未必完全是想象和编造。北京大学东语系的王邦维先生也参加了考察队，他是研究《大唐西域记》的专家，关于这个故事，他还曾专门写过通俗性的文章。在公主堡前由王邦维先生来讲述这个故事，机会很难得。那么到底是谁建造了这座神秘的古堡，因为迄今还没有进行考古发掘，这至今仍是一个谜。

　　塔什库尔干还有一个地方叫石头城，它是瓦罕走廊中国地段非常重要的一座城，直到清代还很兴盛，现在还能看到高高的夯土城墙。

　　中国被叫作石头城的地方太多了，比如南京的别名也叫石头城。不过，位于新疆塔什库尔干塔吉克自治县城北侧的石头城不是一般的古城，它是丝绸之路通畅的象征。古城建在海拔三千多米的高丘

今日石头城

上，地形险峻。它是通往巴基斯坦、阿富汗、塔吉克斯坦的要道，古代丝绸之路在这里交汇，如今从喀什、莎车、英吉沙及叶城通往帕米尔高原的数条通道也都在此地汇合。

石头城的始建年代很早，沿用的时间也很长。汉代时，这里曾是西域三十六国之一的蒲犁国，唐代是竭盘陀国，一般认为石头城是塔吉克族祖先建立的王国。唐朝攻占这里以后，建立了葱岭守捉。守捉，是唐朝在边地的驻军机构。《新唐书·兵志》："唐初，兵之戍边者，大曰军，小曰守捉、曰城、曰镇，而总之者曰道。"守捉驻兵三百至七千多人不等，是军事要塞。此后，元朝扩建，清政府在此建立蒲犁厅。

由于历代修建，石头城如今有多重或断或续的城垣，残留的城墙最高处达二十多米，隔墙之间乱石成堆。这是一个极有战略地位

阿拉尔草滩水草丰美，牛羊遍地

的城堡，雄踞要津，是古丝绸之路的咽喉要冲、重要驿站，当年曾有络绎不绝的商贾僧侣，这里也算繁华之地，各种势力在这里争夺利益，战争不断。

石头城是风景奇特的地方，它和远处的雪山白云蓝天交融在一起，下面有塔什库尔干河蜿蜒流过，两岸是阿拉尔草滩，是帕米尔高原上的一片湿地，水草丰美，牛羊遍地。光影之中，整座石头城的残垣断壁，显得苍凉厚重。

古代因为没有其他道路可以选择，南来北往的人都要在这里歇脚，古代在这里戍边的人，可能就曾见过安世高、法显、玄奘、高仙芝、马可·波罗等等。站在丝绸之路重要节点的石头城上眺望，四周是高原、雪山、湿地，假如玄奘有相机，他也会在这里拍出美丽的照片吗？我们和当年玄奘等大师们所见的风景有什么不同吗？

玄奘东归

出石头城向昆仑山进发，海拔逐渐升高，环境与道路都越发险恶，即便现在修了简易公路，越野车也经常会被碎石扎破爆胎，这在野外考察中随时都可能遇到。

在学术研究中，玄奘的西行、东归路线一直引人关注，其中东归的路线不清楚之处较多。文献记载，玄奘回国时，大致是从巴基斯坦到阿富汗，然后经帕米尔高原、塔里木盆地、敦煌、瓜州，一直到长安。其中最复杂的是他如何翻越帕米尔高原。

大唐高僧玄奘经行处　　　　　　　　东晋高僧法显经行处

人们尝试画出了很多路线图，可是帕米尔高原这个地方通道有很多，玄奘具体从哪里通过，实在很难说清楚。以前的研究多是根据文献在纸上画出各种路线图，这当然很有价值，但根据这种路线图去实地找路，问题就来了。近些年有一种说法，认为一个叫明铁盖的地方，是玄奘东归的通道。这种说法得到很多人认同，也有人认为这好像不太可能。中国社会科学院考古研究所的巫新华博士，曾在新疆很多地方做过深入的实地考察，他认为鉴于这里的陡峭和被冰雪覆盖，玄奘当年回长安不可能从这里经过。所以我们这次考察，就要到达明铁盖的山口，看看这里有没有可能是玄奘东归的路线。

　　昆仑山有几个达坂，达坂也叫垭口，是指山顶的隘口。明铁盖达坂是通往巴基斯坦的山口。我们沿着河谷而上，海拔不断上升。一路上没有人烟，也不适合人类居住，目前只有边防哨所，阶梯式地设在不同高度的地方。最后一段路，车辆盘山拔高到了4300米的高度后，要想到达垭口，只能徒步攀登了。

　　这里似乎有两个山脊的鞍部，即所谓达坂，一侧是山缝，一侧是冰川，好像都能通过。我们决定从山缝一侧攀登。这天我似乎有些感冒，这种状态是登高海拔的大忌，王子今教授悄悄告诉了领队，于是他们把我甩下了。我回过神一看，大家已经攀上了几十米的高度，追赶是不可能了，但我还是有些不甘心，不想失去这难得的考察机会。好在我是个徒步爱好者，爬过很多高山，经验和自我感觉告诉我，身体状况没问题，因此我决定独自去冰川一侧。目测这段距离两公里左右，比较平坦，而且他们完全可以看到我的行踪，是安全的。没有路，都是石头和雪，我花了大约30分钟到达冰川附近，在群山中，似乎感到目标是那样的陌生而遥远，再往前走怕是要出国界了。我怀疑自己走到了天边。拍了几张照片，也顺便来了张自拍，下撤。

另一侧山缝通道，喻为天堑很合适。这处达坂能过人，但如果是有骡马随行的运输队伍通过极难，玄奘东归走这条路几乎不可能。试想一下，玄奘东归带了很多物资，文献记载中提到，其中有高两米的佛像，还有六百多部贝叶经，这可是辎重队伍，难以想象能从这里通过。当然也不能由此就得出结论，因为千年多来冰川的发育和侵袭，也许地貌发生了变化？为了寻求真相，还要到别的达坂去考察。

明铁盖的考察，由于是从不到海拔3000米的地方一路直接拔高，绝大多数人都有程度不同的高反，其中有十几位很严重，从达坂下来后，立即吸氧，然后下撤到海拔3600米处的哨所休息。其余的人睡在海拔4000米的哨所。我一宿几乎没睡，头痛，迷迷糊糊，谁起夜，谁喝水都知道。早上一交流才发现，原来大家一样都无法入睡。

这令人想起《汉书·西域传》的记载："皮山国……西南当罽宾、乌弋山离道，西北通莎车三百八十里。"又说"又历大头痛、小头痛之山，赤土、身热之阪，令人身热无色，头痛呕吐，驴畜尽然。又有三池、盘石阪，道狭者尺六七寸，长者径三十里。临峥嵘不测之深，行者骑步相持，绳索相引，二千余里乃到县度。畜队，未半坑谷尽靡碎；人堕，势不得相收视。险阻危害，不可胜言。"

所谓路过大头痛山、小头痛山，还有赤土、身热之阪，意思是到这里会使人身体发热，没有人色，头痛呕吐，驴马牲畜都是这样。用现代眼光看，就是高原反应。

说起高原反应的可怕，多数人是被吓的，其实头痛恶心是正常的。一般来说，来到高原，只要第一天不剧烈运动，以后就会慢慢适应。当然，这是以五千米为界。再高，那就得求教专业登山家了。

明铁盖达坂

我决定去冰川的一侧

此处海拔4310米

冰雪覆盖

接下来，我们先后去了边境线上的基里克达坂和克克吐鲁克达坂。克克吐鲁克达坂，手机显示山口海拔是4862米，一年八至九个月大雪封山。尽管周边也有雪山，但相对明铁盖来说冰川之扰较小，地势也较为平缓宽阔，从这里可以进入阿富汗，交界处有个界碑。中国科学院地质与地球物理研究所副研究员唐自华介绍说，冰川强大的侵蚀能力进一步加宽河谷，形成了冰川的U形谷，更加有利于人群的穿越。

玄奘从印度带回了佛经、佛像等很多东西，从这里通过相对容易。从山口下来的河谷中有草地，这里也是游牧民迁徙的通道。

接下来，我们去了与巴基斯坦交界的国境红其拉甫，这里海拔有人说4700多米，有人说4900多米。这是世界上海拔最高的口岸。红其拉甫也是达坂，是喀喇昆仑山脉的山口，目前有修得很好的中巴公路，是中国和巴基斯坦的主要陆上交通枢纽。

红其拉甫有"死亡山谷"之称，氧气含量不足平原的50%，据说当地风力常在七八级以上，虽然环境恶劣，可我们到达时风和日丽，看到了"举头红日近，回首白云低"的壮美景色。

有人会问，玄奘东归究竟走哪条路有那么重要吗？玄奘的意义，不在于这些细节。是的，如同探究杨贵妃吃的荔枝究竟从四川来还是从广东来的一样，从宏观历史上看，也许不重要。但历史是由无数个细节构成，专业考古就是要寻找细节，尽可能不忽略客观真实，谁知道哪个细节更重要呢？即便无法最终获得真实，至少在实地考察中，也会更加理解玄奘的执着信念和他为中外文化交流所付出的艰辛。

帕米尔高原是用大块色彩编织的世界，美丽奇异。昆仑山是被云雾缠绕的雪峰，神秘莫测。整个考察结束之后，会有很多感悟，

克克吐鲁克达坂的雪山相对平缓

明铁盖哨所

考察队一行在红其拉甫合影

在海拔最高的国门与巴基斯坦人合影

就连昆仑山上生命力顽强的植物，也会对人生的悲与欢、苦与乐带来启迪：那些野花野草，高原、气候、风霜、雨雪，赋予它们生命的机会并不多，有的只有短短两个星期的生命周期，却活得那样精彩、畅快、火爆，还有从容……这也是生命意义的象征。

最后我用这句话来结束："这条路，走一次，永生难忘！"

第五讲

吐蕃大墓发掘记

青海，唐朝时是吐蕃人的领地。文献记载中，吐蕃的金器以美观珍奇及精良著称于世。通过对都兰吐蕃大墓的发掘，虽然只是清理了四座反复被盗的墓葬，但也出土了各种器物的残片。我们希望通过这些支离破碎的残片，尽量把遥远而美妙的世界部分地复原。

发掘吐蕃墓的真实原因

君不见，青海头，古来白骨无人收。

新鬼烦冤旧鬼哭，天阴雨湿声啾啾。

——杜甫《兵车行》(节选)

就像诗中描述的，说到青海，很多人会想到那是一个非常荒凉的地方，那里曾是唐朝吐蕃人的领地——也就是今天我们要说的考古地点。

吐蕃人的领地是不断变化的，无论扩张与收缩，都是引发唐朝历史变化的一个重要原因。唐初时，吐蕃北边与唐朝接壤的地区还有一个"吐谷浑"(后来被吐蕃所灭)。从地图上看，无论是初唐还是盛唐，吐蕃王朝所占土地面积都和唐朝不相上下。

不过，吐蕃人所居地是青藏高原，生活环境艰苦。关于吐蕃人祖先的来源，有西羌说、鲜卑说、南来土著说、天降说、猕猴说、卵生说等等，没有公论，总之这个民族的起源很神秘。

吐蕃王朝建立(7世纪)之前的历史，被称为吐蕃的"史前史"。这段时期，青藏高原中部形成了不少小规模的部落，考古也找到一些遗迹和遗物。比如，象雄王朝的金面具，时代被推断为2世纪前后。

金面具在历史上出现很多，中国的三星堆及金沙遗址、古埃及和其他地区都有。象雄王朝的金面具，特点是面部五官清楚，大小

象雄王朝的金面具，西藏阿里地区札达县文物局收藏

与真人面部相仿。与其他地区的发现不同的是，此地出土的金面具有头冠部，冠上装饰着一些动物，这是青藏高原早期文化非常精美珍贵的文物。

吐蕃和唐朝之间的关系，是唐史研究中非常重要的内容。研究唐史也要研究吐蕃的历史，这是我们去青藏高原考古的一个原因。

唐朝与吐蕃关系中最有名的事件是，贞观八年（634），吐蕃第三十三任赞普松赞干布遣使臣到长安，向唐王朝求婚，希望联姻，唐太宗李世民决定将宗室女文成公主许配给松赞干布。贞观十五年（641）春天，松赞干布派禄东赞到长安来迎接文成公主。

文成公主离开繁华的都城长安去西藏，行程约3000公里，历经千难万险。据记载，她带去了很多中原地区的文化典籍和各种粮食种子，随行的还有各行业的工匠，由此开创了称为西藏史诗般的"黄金时代"。现在西藏的寺庙里文成公主和松赞干布的塑像还在被众人朝拜。

我们现在看到的《步辇图》，被怀疑是后代的摹本。根据原画家阎立本的身份，他很可能是这次历史性会见的目击者，所以他笔下的人物真实、生动。唐太宗端坐在由六名宫女抬着的步辇上，另有三名宫女分别在前后掌扇、持华盖。身穿大红袍的男子，是这次仪式的引见官员；中间是禄东赞，拱手而立，发型和服饰与中原地区不同；最左者为穿白袍的内官。唐太宗的威严、使臣禄东赞的谦和、引见官员和内侍的恭谨、年轻宫女的天真活泼，汉藏民族不同的气质，都跃然绢上。

那么，吐蕃的"黄金时代"是什么样子呢？这是组织考古队去青藏发掘的原因之一；第二个原因，是想搞清楚一批海外珍贵文物的出土地。

现在海外流传着一些珍贵文物，传闻这些文物来自吐蕃，但只是猜测，没有证据，缺乏与考古发掘的实物进行对比的资料。比如

阎立本《步辇图》

这件童衣，我们以往看到的吐蕃织物类文物大多是残片，最完整的就是这件童衣，被美国芝加哥私人收藏。

还有这些漂亮的金银器，它们也来自吐蕃。

联珠纹对鸭纹童衣，美国芝加哥普利兹克收藏　　吐蕃墓出土金银器

考古的现场环境和苦乐生活

说起考古，大家都关注最后的结果。其实在寻找古代遗存的实际工作中，首先遇到的问题是如何开展工作，这就必须了解当地现在的地形地貌和风土人情。

青藏高原群山环抱、天高云淡，充满着诗情画意，但是真正在这里工作或生活，可不那么美妙。

考古队扎营的地方，海拔高达3444米，周围只有一户藏民人家，跟外界接触的机会很少。这户藏民以放牧为生，过着半游牧的生活，他们在水肥草美的地方建造土房子专供过冬，称为"冬窝子"；春夏秋更换草场，我们到的时候，他们已经把牛羊群赶到高

山吃草，家里只有奶奶和孙女留守。每天的生活就是早上奶奶起来挤奶，孙女用手把牛粪、羊粪收集起来往墙上贴，干了以后当燃料，再到下边的河里去背水，生活很辛苦。孙女大约有七八岁，没上过学，和奶奶一样也不会说汉语，我们的交流只能靠微笑。难道他们就是吐蕃孤零零的后人？

最多的邻居是兔子，漫山遍野乱窜，但对人没有伤害。另一种邻居高原蝮蛇就很危险，毒性很大，一旦被咬，即使送卫生院急救，也很难救活。记得有位作家曾经说过：当一个人来到高原寻求真实时，他可能找到的是死亡。在这个地方扎帐篷，一定要把帐篷边缘腾空，最好洒点药防蛇。

所以，考古不像大家想象的那么浪漫，会有很多意想不到的困难，甚至危险。

我们去的地方叫都兰县热水乡，这里地广人稀，当地盗墓非常

吐蕃墓出土陶杯

吐蕃墓出土绿松石

吐蕃墓出土木器

猖狂，我们一共清理了四座墓地，都已经被盗过，留下的大多是残破的器物，有陶器和绿松石，比较有地区特点的是木器，比较精美，但是无法复原，也无法知道用途。

墓葬一旦被破坏，即使器物完整，学术价值也会大大降低。经过科学发掘出土的器物，有准确的出土地点、出土环境、摆放位置，还有一起出土的其他器物的组合，提供的历史信息是一整套的。后母戊鼎、毛公鼎这样的重器，尽管十分重要，但因为不是经过科学的考古发掘出土，与之相关的历史信息都丢失了，很可惜。

现代考古学为什么重要？举个例子来说。比如商代墓葬，有四条墓道的，有两条墓道的，有一条墓道的，分别代表人的身份和等级。知道它是从哪个墓出土的，以及和其他什么器物一起出土，这样提供的信息就不一样了。另外，古代的礼器有几鼎几簋的组合，只有一件就不好判断了。所以盗墓是非常可恨的一件事情，不光破坏了文物，还把一些重要的历史信息都给丢失了。

作为考古领队老师，除了发掘，还要处理各种突发的意外和矛盾，这也是考古工作中麻烦的事情。例如考古离不开民工，但找民工十分困难。这次我们的民工就包括五个民族：撒拉族、藏族、东乡族、回族、汉族。不同信仰、不同生活习惯的人在一起工作，会产生很多矛盾，所以我们需要花时间去处理好彼此之间的关系。再比如，一位女研究生负责一座墓葬的发掘，当然要指挥民工取土、运土之类。可有一天突然全体撒拉族民工罢工，这可不是件小事。和撒拉族人谈判之后发现，他们罢工的理由令人哭笑不得，原来撒拉族人的风俗是"女人不能指挥男人"。遇到这种事没理可讲，只能和稀泥。可以说，在考古发掘期间，一地鸡毛的事连续不断。

我们唯一的邻居，那位藏族老人很淳朴，很热情，虽然语言不通。我们去拜访她时，她总是面带微笑去做糌粑，眼看着她用手抓

发现吐蕃墓室口现场

考古队民工在处理饮用水

着羊粪蛋烧开了水，然后沏上奶茶，再放些青稞粉，还用那只手抓成糌粑，恭敬地请你品尝。据说这是高等级的待客，你说吃还是不吃？当然得吃。发掘期间，工地每隔四五天要派越野车到县城买食物，学生轮班去，也算是进城，主要是为了去洗个澡。这地方当然没有自来水，发掘期间就喝河水，平时虽冰冷刺骨，倒是清亮透明，下雨之后就变成了黄泥汤，那也得喝。

墓葬清理及吐蕃文物

去考古现场之前我们要做功课，就是查阅相关文献。关于吐蕃人的丧葬有一些文献记载，《旧唐书·吐蕃传》："其赞普死，……仍于墓上起大室，立土堆，插杂木为祠祭之所。"《文献通考》卷三百三十四："人死，杀牛马以殉，取牛马头累积于墓上，其墓正方，累石为之，状若平头屋。"

就是说，吐蕃高级贵族死后，用石头砌筑方正的墓室，上面有高大的坟堆，上面插着木头，还要殉葬牛和马。《资治通鉴》中还记载了一份吐蕃赠予南诏的礼品清单，包括：金冠、绣袍、金宝带、金丝帐榻、华盖、马鞍、日用器皿、珍珠、地毯、衣服、骆驼和马。这应该是吐蕃人的用品，也就是说我们在考古发掘的时候，可能会遇到这类东西。

古人对生与死的界限是划分不清的，他们相信人死了只是灵魂与肉体的分离，相信灵魂的存在，因此丧葬就成了极为重要的活动。因为古人视死如视生，所以对死亡非常重视。比如唐代，丧葬行业属于大型企业，不同集团之间还举行比赛，比谁的哀歌唱得好、谁的送葬东西做得好，那就是一次艺术和技术的大比拼。

吐蕃人的丧葬情况怎样呢？我们可以看到，虽然已经被盗，但墓室依然壮观。整个墓室用很粗的柏木做成，有一座是四室一厅的大"套房"，非常奢华。

在发掘的墓葬中，我们发现了铁器、铜器、银扣等等，虽然是

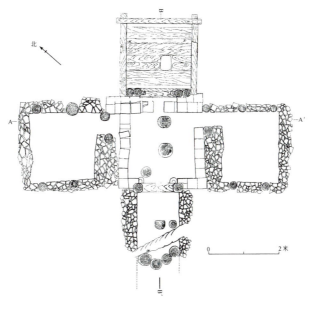

吐蕃墓室平面图

吐蕃墓出土铜带扣

吐蕃墓出土鞍鞯残件

吐蕃墓出土核桃

吐蕃墓出土桦皮囊

残片，但在吐蕃时期绝不可能是一般人所能拥有的，这对于判断墓主人的身份十分重要。另外还有马鞍，上面有很多孔，可以判断当时马鞍上有很多金属、皮革之类的装饰。马鞍在吐蕃人生活当中一定非常重要，因为在汉族人的墓葬里，基本不出实物的马鞍。

还有很多不知道名称和用途的器物，也有一些知道是什么，却让人疑窦丛生的东西，比如墓里有不少核桃，擦洗后像崭新的一样，现场没有发现核桃皮，所以应该不是盗墓人带进去吃的，而是墓葬中原来遗留的。问题是，这个地方产核桃吗？核桃是从哪里来？

桦树皮是值得注意的发现。古人利用桦树皮制作各种各样的器物，但一定是就地取材。桦树是顽强的树种，主要分布于北温带或寒带。用桦树皮制作器物，在以往的考古发现中主要见于东北地区，那里直到近代，还用桦树皮制造各种生活器具，甚至制作携带方便、能容一两人的独木船，以及盖造简易房屋。在青藏高原我们发掘墓地的周围，目前没见到一棵桦树，而墓葬中却有桦树皮器物，也着实令人费解。

还有，三号墓是铺地砖的。这个地方怎么会有砖？当地有烧砖的窑吗？如果有窑的话，那么吐蕃有专门的烧窑工匠吗？如果是从远处运来，又是什么样的人能有这么大的财力呢？

在三号墓的墓道口和墓室之间，清理出一个快散架了的木箱，木箱上的图案有动物和人物。一个用琴拨在弹四弦琵琶的人，还非常清楚地画着红脸蛋。另外残片上的人物也都是把脸涂红。《旧唐书·吐蕃传》中说"公主恶其人赭面，弄赞令国中权且罢之"，文献里记载得很清楚，吐蕃人曾有赭面的习俗，可见我们找到了毫无疑问代表吐蕃人生活的实物。

考古要搞清楚墓葬的建筑结构，这代表着一个地区对于死亡的处理方式，背后反映的是人们的信仰。我们发现，这些墓葬封土层中用木头铺出"边界"，有的墓在封土中还有树立的木柱以及完整的

吐蕃墓出土木箱残件

墓室封土内南缘柏木　　　　　　　　墓室封土内殉狗

狗骨架。这些现象，都可能与墓葬建造或之后的祭祀有关。联想到《旧唐书·吐蕃传》中的记载："其赞普死，……仍于墓上起大室，立土堆，插杂木为祠祭之所。"这就对应起来了。

另外我们还找到带有古藏文的残石、银冠饰、皮袜等。其中的皮袜和美国私人收藏的类似。以考古的墓葬形制、出土文物种类来看，我们推测，这几座墓可能是吐蕃王室一级的墓。

吐蕃墓出土皮靴

经过一点点的清理，我们把每一个丝织品小碎片都找到了，收获还是挺大的。当地人称其为"破布"，但对研究者来说，非常重要。因为这些织物明确出土在墓葬里，是当时吐蕃人用的东西。

为什么经过科学发掘的织

物哪怕是碎片也重要呢？比如其中有红色残片，上面的纹样是墨画上去的，这对于年代的判定很有帮助，可以对比一个唐代银器上面的图案，它们从风格上看是一样的。吐蕃的历史很长，我们在发掘过程中，不断在想这个墓是7世纪初期、晚期还是8世纪中期？如何断定？这件丝织品虽然很残破，但上边画着阔叶折枝这种大花，根据花纹本身的特点，应该是8世纪中期以后的纹样，因此，这座墓不可能早于8世纪中期。

另外还有些联珠纹、绶带鸟纹，和中国丝绸博物馆的标本藏品类似。还有一件织物残片上出现了"黄州"的字样，黄州在今天的湖北省，这应当是唐代地方向中央交税的织物。还有带有道教符箓文字的织物残片，这很奇怪，吐蕃人的信仰和道教无关，有专家考证，这是商人为保平安所携带之物。无论怎样，都表明了吐蕃人与内地的联系。

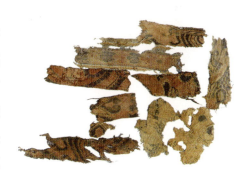

吐蕃墓出土残锦

吐蕃墓出土道教符箓文字残锦

2019年7月，敦煌莫高窟有个文物大展，名为"丝绸之路上的文化交流：吐蕃时期艺术珍品展"，展品中有几件外国收藏的大件丝织品，推测上面的人物图案可能是吐蕃人的国王。图案是开着奇异大花朵的树木下部缠绕着葡萄藤，藤上有成串的葡萄。

绘制有国王形象的织锦（局部），
瑞士阿贝格基金会收藏

树木之间是高坐王座的国王，国王的袍子上密布着花朵，还有美丽的边饰以及成排的珍珠，其脚下的足榻镶着珍珠；国王头戴王冠，尖尖的山羊胡及髭须与卷曲的头发形成鲜明对照；耳朵呈红色，耳垂上戴着硕大的耳环。

这件东西非常好，可惜我们不知道它的出土地点以及出土环境。我一看到这件纺织品就想起我们发掘的那些小残片，虽然品相和大小与之无法相比，但我们清楚地知道，这是在青海都兰热水吐蕃墓群几号墓出土的，有准确的出土地点和环境，墓葬形制有多大，和这些丝织品残片一起出土的东西还有哪些。

难道吐蕃人也有发达的织造业？原来我想象不出来吐蕃人能够制造出那么好的东西，但这些实物似乎要改变我们的看法。越来越多的材料说明，吐蕃当地是可以制造织物的，而且水平还挺高。这令人想到《步辇图》中禄东赞的服装，那是用联珠圈中有动物的图案做成的织物。在唐人看来，这是"胡人"服装的特色，于是有意将禄东赞的服饰与画面上其他人物的服饰相区别。

《步辇图》中禄东赞服饰纹样　　　　神鸟神兽纹嵌绿松石金胡瓶，美国
　　　　　　　　　　　　　　　　　　芝加哥普利兹克收藏

　　文献记载中，吐蕃的金器以美观、珍奇以及精良著称于世。我们发掘出一些银鎏金物件，能够证明当时在吐蕃的贵族中是用金器的，于是我们更加坚信这一定是吐蕃贵族王室的大墓。传世品中被认为是吐蕃王朝最好的金器，多在国外收藏。

　　美国芝加哥普利兹克收藏的神鸟神兽纹嵌绿松石金胡瓶，被认为是吐蕃王朝鼎盛时期的作品。器物是用黄金制造卵形瓶身和八棱形足部，再将其焊接起来；然后将把手接到瓶身上。瓶上动物或腾跃、阔步行走、直立咆哮，或倒于狩猎者箭下。颈部和圈足嵌入绿松石。整件器物的制作别具匠心地融合了萨珊、中亚的样式。

　　还有鎏金银碗，与西安何家村出土的唐代器物从造型、风格来看是一类。这一类的器物和中国传统器物关系不大，而是更接近中

吐蕃墓出土錾指金杯

西安何家村出土鎏金仕女狩猎纹八瓣银杯

粟特多棱带把杯

亚粟特人的器物。如果是吐蕃人制造的话，就可以看到吐蕃的金银器制造和中亚、中原之间的联系。

吐蕃金银器纹样中的小狮子很有趣。在青藏高原和中原地区没有狮子，中国古代，狮子是外来的动物。狮子来到中国之后，艺术家、工匠很难有机会见到狮子，所以中国古代的狮子都做得神神秘秘，大脑袋、卷发，有的还带翅膀。唐朝人这样做，吐蕃人为什么也这样做？吐蕃人的器物里还有三条鱼相互追逐的图案，唐代也有同类器物同类纹样。

过去我们只是把具有异域风格的唐代器物和中亚、西亚联系在一起，现在看来和吐蕃也有联系。丝绸之路的通道和文化间的相互交流，靠文献能说明的其实很少，实物不光鲜明直观，还有很多新的东西，这为探索这些地区之间的关系提出了新问题。

再比如美国私人收藏的传世鸟形金饰，很大。其形象在中原地区出现得更早、更多，被叫作凤鸟或朱雀，它不仅仅是一个艺术图案，也和信仰、观念有关。这种鸟的图案在中原地区早就流行了。还有唐代流行的灵芝角鹿、翼马，在吐蕃文物中也能见到。

陕西扶风法门寺鸾鸟图 吐蕃鸟形金饰

内蒙古喀喇沁旗出土狮纹银盘上鹿的 河北宽城出土唐代鹿纹菱花形银盘上鹿的
线刻图 线刻图

吐蕃墓出土漆器残片 吐蕃墓出土木制骑马俑

　　可以看出，吐蕃文物中的很多图像与中原文化有着千丝万缕的联系。在我们发掘的墓葬中，甚至出土有漆器残片和木制的骑马俑。毫无疑问，当地无法生产制作漆器，骑马俑则完全是中原地区的葬俗。

在青海都兰热水吐蕃墓群的发掘中，尽管只是清理了四座反复被盗的墓葬，但也出土了各种器物的残片。考古工作无法清晰地理出历史的每一条纹路，但我们希望这些支离破碎的残片，能把古代发生的故事拼砌在一起，尽可能把遥远而美妙的世界部分地复原。

考古生活的感想

我们从营地出发到工地，路程不算长，走路最多十分钟。但你会惊奇地发现，从营地出发时还是响晴的天，可没走到工地就变成瓢泼大雨或冰雹，八月天都得准备好棉大衣，准备应付瞬间的天气变化。

在高原进行考古发掘，吃当然没法讲究。尤其是我们的民工，在那两个多月里，在海拔那么高的地方每天干八小时体力劳动，只能吃土豆和圆白菜、蒸馒头，但是他们特别乐观。

我很早以前读过一首诗，"撕片白云擦擦汗，凑上太阳抽袋烟"。在高原生活就有这种感觉。离彩云近了，离生命远了；离太阳近了，离死亡也近了。

不过你能看到一般人看不到的景色，获得生命的感受。高原上的花草特别奇妙，海拔每上升几百米，植被全变，到一定的海拔就换一批花。有些植物在高原上的生命周期只有十几天，然而从破土发芽到绿叶开花，同样要完成一次生命的过程，它们活得火爆又坦然。看到满山娇嫩鲜艳的花，也会给我们的人生带来一些启示。

考古发现也会引发另外的思考。比如，墓葬是使用柏树原木砌成的墓框，柏树直径竟达五十至七十多厘米。柏树是生长很慢，寿命很长的一种树，长到这么粗，需要多少年？我们发掘的四座墓全

吐蕃墓发掘现场

高原上的考古队营地

都是柏树原木做的墓室，这不可能是从远处运来的，吐蕃高级贵族墓也不会选择建在秃山。由此可以想象，当年这个地方柏树很多。自然环境是怎么变化的？人为的还是自然的？

这让我想到，我们现代人要有两种责任：

保护文物，就是保护自己的历史；

保护环境，就是保护未来的家园。

如果让我重新选择职业的话，我不会去干考古。但是如果让我重新选择一种事业，我肯定还会去干考古！

第六讲

"黑石号"沉船

8世纪中叶以后，陆上丝绸之路开始衰落。然而，对异域财富的渴望，促使人们扬起了海上贸易的风帆。1998年，在爪哇勿里洞岛海域发现的"黑石号"沉船，打捞出六万多件属于9世纪早中期的中国文物。这是令人震惊的水下考古发现！

海上丝绸之路的时代背景

"黑石号"沉船的经历堪称传奇：发现是在印度尼西亚，船上的货物来自中国，由德国人打捞出水，被新加坡整船购买，然后由美国人策划展览并拍摄纪录片。

8世纪中叶，中国发生了两件大事：

751年，唐朝与大食在中亚发生怛罗斯之战，以失败告终。这场战役改变了亚洲的政治格局，唐朝从此失去了对中亚地区的实际控制能力。

755年，唐朝爆发安史之乱，大唐帝国由盛转衰。

从此，整个丝绸之路的格局发生了变化，陆上丝绸之路开始衰落。然而，对异域财富的渴望，对不同文化的好奇，促使人们寻求新的方式对外交往。人们开始突破茫茫海洋的隔绝，扬起了海上贸易的风帆，海上丝绸之路兴起。

海上丝绸之路，其实可以追溯到更早。汉代记载了从徐闻、合浦通往南海诸国的航线：

> 自日南障塞、徐闻、合浦船行可五月，有都元国。又船行可四月，有邑卢没国。又船行可二十余日，有谌离国。步行可十余日，有夫甘都卢国。自夫甘都卢国船行可二月余，有黄支

国……自武帝以来皆献见。有译长，属黄门，与应募者俱入海市明珠、璧流离、奇石异物，赍黄金杂缯而往。所至国皆禀食为耦，蛮夷贾船，转送致之，亦利交易，剽杀人，又苦逢风波溺死……自黄支船行可八月，到皮宗。船行可二月，到日南、象林界云。黄支之南，有已程不国，汉之译使自此还矣。

——班固《汉书·地理志》

三国时，东吴朱应、康泰游历南海诸国，归来之后分别撰写了《扶南异物志》和《吴时外国传》。东晋时，法显从长安出发经沙漠道前往印度，后来渡海返国，撰写《佛国记》，其中特别提到当时的航海技能、南海航线的距离及所需的时间。但这些书今已不存，只是在别人的引用中保留了只言片语的记录。

唐代就不太一样了，《新唐书》中专门立传的南海诸国约三十个，提到的国家地区更多。其中诃陵（今印度尼西亚爪哇岛）就是唐朝与南亚及西亚的海上交通要冲。这一海上通道历来海盗出没、沉船频发，大量神秘的宝藏隐匿在暗礁散布的水域间。

除了历史文献，海上丝路开通也有考古学证据，如出土了汉唐时期的罗马玻璃、波斯银器、银币以及象牙、香料等等，至少证明了中国与南海诸国及欧洲之间贸易的存在。罗马玻璃最早在广州地区的汉墓里发现，说明海上丝绸之路很早就有，但我推测那个时候海上丝绸之路更多的是间接的贸易，中国与罗马、波斯的海上交通贸易并未直接来往，而是通过印度、越南等地转手贸易。

广西合浦东汉墓出土波斯陶瓶

"黑石号"的发现过程

印度尼西亚爪哇海域，是海上丝绸之路的必经之地，也是一个理想的中转站和重要的补给点。1998年，爪哇勿里洞岛海域发现"黑石号"沉船，打捞出大量属于9世纪早中期的中国文物。这是一个令人震惊的水下考古发现，沉船上不同区域、不同种类的中国器物聚集在一起，给我们提供了特别的研究视角。更重要的是，过去主要是根据文献研究海上丝绸之路，而这一大批鲜活的文物，大大改变了人们对海上贸易的认识。

发现"黑石号"沉船的是一位名为提尔曼·华特方的德国工程师。他在德国公司工作时和印度尼西亚的雇员闲谈，听说在其家乡印度尼西亚小岛的沙滩上经常被海浪冲上来一些瓷片和瓷器。说者

"黑石号"出水时长沙窑瓷器码放情况

无意听者有心，他就借着休假的机会到了印度尼西亚，果然印证了雇员所说。回去之后，德国工程师变卖所有家当成立公司，赶赴印尼海域进行水下打捞。第二年就找到一个不太重要的明代沉船，紧接着就发现了唐代沉船"黑石号"。

这位德国工程师不大懂中国文物，但感觉这些东西很贵重，先到中国兜售，开价很高，要求必须整船收购，不能挑选。几经周折，后被新加坡购买。新加坡请美国国家地理拍摄了纪录片《唐代宝船之谜》，并策划了相关展览。所以到目前为止，关于"黑石号"比较正式的学术刊物，只有那次展览的图录，但足以震惊整个学术界。

遗憾的是，像"黑石号"这种沉船的发现，基本上都属于寻宝人。水下考古需要大量的资金，还要有打捞船等特殊装备，并培训掌握潜水技能的考古学者，工作难度很大。但是现在情况不同了，水下考古不再是望洋兴叹，作为新的学术领域，它打开了现代学术的新视野，而且如同古代航船突破了欧亚地理界限一样，"黑石号"同时吸引着世界各国学者关注的目光。

"黑石号"沉船里共有六万多件物品，堆得像货架一样，非常令人惊奇。其中最多的是湖南的

"黑石号"出水长沙窑釉里红碗

"黑石号"出水金海棠碗

"黑石号"出水邢窑白釉托把杯

长沙窑瓷器，有五万多件，超过了以往中国本土窑址、墓葬出土同类完整器物的总和。另外还有邢窑、越窑、巩县窑的产品，二十九件金银器皿，四十多面铜镜，保存情况都非常好。

新加坡没有太多研究中国考古学的人，他们购得这艘乘船后，曾邀请一些学者前去考察，还举办了一个小型的学术讨论会，邀请各国专家观看整理出来的器物。我有幸三次前往，现在就跟大家分享一下这批宝物的真实面目和学术价值。

"江心镜"的启示

"黑石号"里铜镜很多，有几件值得特别关注。这面"江心镜"，品相不好，而且中间断裂，但在我看来，它是沉船铜镜中最重要的发现。铜镜上面有字，非常清楚，**"扬子江心百炼造成唐乾元元年戊戌十一月廿九日于扬州"**，这二十几个字的信息量很大。

历史文献里曾提到过"江心镜"：

> 扬州旧贡江心镜，五月五日扬子江中所铸也。或言，无有百炼者，或至六七十炼则已，易破难成。(《唐国史补》卷下)
>
> 扬州每年贡端午日江心所铸镜。(《旧唐书》卷十二《德宗纪上》)

唐人认为，铜镜经过反复冶炼、熔铸后，会愈炼愈精、愈清，称之为"百炼镜"。这种"百炼镜"产于扬州，在扬子江中制造，也叫"江心镜"，供给宫廷使用。

过去有个现象令人难解，就是唐代的镜子在各处馆藏得特别多，但从未见刊布和展示的"江心镜"，在以往考古发掘中也从未见过。"黑石号"里"江心镜"的发现，是其首次展示在人们面前。

"黑石号"出水扬州"江心镜"

这面"江心镜"的纹样也很罕见，背面是四神：青龙、白虎、朱雀、玄武，旁边是八卦文。纹样特别，是否暗示着用途也特别呢？铜镜能反射光线，映出物象，基本用途是映面照形。但古人还相信镜子具有预示凶吉、避邪免灾等神奇的功能。《太平广记》卷二三一载，扬州进奉的水心镜（即"江心镜"），在长安存于内库，后来天宝年间有大旱，这面铜镜在天宝七载（748）被道士叶法善寻出，用作道家祈雨的法事活动。

铜镜可以照妖，因此广泛用于各种祭祀活动中。有的墓葬的墓顶上镶嵌铜镜，为辟邪之用。日本天台宗三祖圆仁著《入唐求法巡礼行记》记载，开成四年（839）五月二日……"日没之时，于舶上祭天神地祇，亦官私绢，绞缬、镜等奉上于船上住吉大神"。其中特别提到了船要出海时，在祭祀活动里就要用到铜镜。另外，古人造船时船头会放一面铜镜。"黑石号"一共出水了四十多面铜镜，品相都不一样，所以当时存放的位置肯定不一样，或许江心镜就不是一般的商品。很可惜，"黑石号"也不算是真正的水下考古，当时看到好东西就往上捞，无法像考古那样，每一个东西出土都标上号，记录每件器物在船上的位置。

德国人、新加坡人当时没把这个品相不好的铜镜当回事。了解了上述情况后，这面铜镜成了沉船出水文物中的重要发现。

"黑石号"里还发现了葡萄纹镜。唐代葡萄纹镜很常见，发现很多。关于这种铜镜的研究持续了一个多世纪，不仅是因为它美，学术价值、历史意义也很大。日本学者甚至专门以葡萄纹镜为名出过书。葡萄纹是从西域通过丝绸之路传到中国的，只在北朝晚期和唐朝初年这一段时间流行，以前几乎没有，此后也不流行。目前的铜镜研究认为，葡萄纹镜主要流行于7世纪末到8世纪前半，即唐高宗、武则天到唐玄宗时期，这是从考古发现的纪年墓出土葡萄纹镜的排比中得出的结论。

"黑石号"出水葡萄纹镜

所以，在9世纪的"黑石号"里发现葡萄纹镜，对之前的结论，不敢说是颠覆，至少也是一种挑战。学者们普遍认为，"黑石号"上的物品主要是在扬州装船的，由于扬州是各种货物的集散地，在市场上当然可以买到铜镜。如果说葡萄纹镜是在8世纪中叶前生产制造的结论不误的话，就是说扬州还能买到早期制造的铜镜。还有一种可能，就是8世纪中叶以后还在制造葡萄纹镜。不过参照船中还发现有隋镜甚至汉镜，可以推测扬州市场有出售古镜的，或者有古玩店类的店铺？

青花瓷器的新发现

"黑石号"上出水三件青花瓷盘，是迄今为止首次发现的中国最早、最完整的青花瓷器。这个发现学术意义重大，它结束了一桩讨论多年的疑案。

青花瓷风行于元明清时期，是用钴料在瓷胎上描绘纹饰，通过线条的粗细、疏密、浓淡等笔法来表现各种图案，然后涂上透明釉在高温中烧成。对于青花瓷的发明时间，最早认为是明代，后来认为是元代，但在陆续发现的元代实物中，发现烧造技术十分成熟，这就说明不大可能发端于元代。

20世纪70至80年代扬州唐城遗址地层里发现一批青花瓷残片，这成了青花瓷起源问题的新线索，有人认为唐代就已经有了青花瓷。但是因为从来没有发现过完整的或者可以复原的器物，所以仍有人怀疑。"黑石号"一下子就出来三件非常完整的青花瓷器，而且还是输出到海外的。

"黑石号"青花瓷器的分析结果是，瓷胎的化学成分接近河南三彩，釉是石灰釉，着色元素为低锰、低铁、低铜的钴料，与唐代河

作者参观"黑石号"出水青花瓷器

南石灰釉相似，接近巩县窑的蓝釉，其烧造地点可能在河南巩义一带。近年也出土了唐代青花瓷塔式罐、执壶、罐、盒等器物。这些都证明唐代烧造青花瓷没有任何问题。

长沙窑是中国瓷窑考古最早大面积发掘的一处唐代窑址。由于是废弃的窑址，所以几乎没有完整的器物出土。而"黑石号"上五万多件长沙窑瓷器是唐代的商品，如此数量的长沙窑瓷器是一次空前的发现。

中晚唐崛起的长沙窑，是一个了不起的窑场，文献中几乎没有记载，也没有对这个窑场产品的赞美。但通过考古发现得知，它的产品在9世纪影响极大，不仅在中国各地发现，还在朝鲜半岛、日本、印度尼西亚、斯里兰卡、沙特阿拉伯、坦桑尼亚等国家有考古出土的实物。考古界曾对长沙窑进行过大规模的考古发掘，但是最好的产品没有在湖南地区发现，而是在扬州等繁华之地。

长沙窑的兴盛，有历史缘由。主要是其产品具有很强的平民意识，纹样不受束缚，生动活泼，还经常书写当时流行的民间谚语、

"黑石号"出水青花瓷器

河南郑州唐墓出土青花瓷塔式罐

"黑石号"出水瓷器

俗语、俚语、诗文等，迎合了百姓的欣赏口味。烧造的质量虽不及越窑的产品，却以低价格参与市场竞争，盛销于国内市场，并很快成为外销日用瓷的大宗。

湘江岸边的长沙窑，还有水路运输之便，使沉重易碎、不适合大规模长途陆路运输的陶瓷器通过水运与扬州、广州、南安连接起来，扬州是中晚唐以后兴起的商业性城市，也是海上丝绸之路最先兴起的、最大的集散地。"黑石号"上长沙窑瓷器的巨量发现，说明其产品找到了出口海外的途径。海外市场的需求也促进了长沙窑本身的发展，产品出现了非中国传统的奇特纹样，如椰榈树、椰枣纹

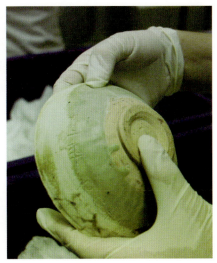

扬州出土的写有阿拉伯文字的长沙
窑壶

刻着"宝历二年七月十六日"字样的
"黑石号"出水长沙窑碗

以及胡人各式表演的图案，还有带阿拉伯文字的碗。

那个刻着"宝历二年七月十六日"的长沙窑碗很重要。

以往对传世品断年比较模糊，考古发现的墓葬里的器物一般只能知道制作的年代下限，但是沉船中的器物断代就比较明确。因为船上的东西是要进行售卖的商品，而且那时的船是靠季风航行，往返时间不到两年。"黑石号"里发现刻着"宝历二年"字样的纪年长沙窑器物，比长沙窑遗址里带纪年的还重要，因为它就是一个标尺，说明这批货物的制作年代基本都是这个年号的前后。

令人感到意外的是，"黑石号"上还发现了刻有"盈""进奉"字款的器物。过去一般认为，"盈"字款的瓷器，是为皇室专门制作，进入皇家大盈库的品种，以往的发现多出土于邢窑窑址的高级白瓷上，被认为是邢窑专供皇室享用的产品。"黑石号"发现的"盈"字款器物，并非白瓷，而是绿釉花口碗。根据以往的考古发掘，似乎是河南巩义窑的产品。也就是说带有"盈"字款的器物并非邢窑独有？这种器物为什么会出现在商船上？同样，"进奉"二字，顾名思义是进奉给皇室或中央官府的，这样的器物居然也出现在"黑石号"上。这都是过去没有的资料，所以很有学术价值。我们可以推测，"盈""进奉"字款的器物也会流入市场，还远输国外。

刻着"进奉""盈"字样的"黑石号"出水瓷器

"黑石号"上还有一件有趣的器物，是一个白釉绿彩带把瓶，形制像胡瓶，高度将近一米，显然和日常生活中的胡瓶不属同类器物。从功用上看，这件器物不实用，即使壶内不装上液体，把柄也根本无法持重，看起来只是一个装饰。

类似的瓶或壶过去在唐墓里出土过，很大，也是绿色的，那是明器而不是实用品。我推测这是当时胡商的一种文化误读，他们很难弄懂什么是为死人制作用于随葬的明器或祭器，看到造型奇特便买下。这种现象有很多，比如国外博物馆藏有非常好的陶俑，甚至比我们各个博物馆的藏品都好，那是因为最早外国人在中国收文物的时候，看这么漂亮的人俑就买，他们不懂这是给死人的明器，而中国人当时不会收藏这些令人晦气的明器，盗墓的人不但不要，还要把它们打碎。

"黑石号"出水白釉绿彩带把瓶　　　　河北蔚县唐墓出土绿釉带把瓶

　　"黑石号"上还能看到很多完整的大罐，这也让人十分惊喜，因为过去的考古发现中极少见到，甚至有人认为这样的大件瓷器烧造时间很晚。虽然从逻辑上讲，唐朝甚至更早烧这么大的东西一点问题没有，但是中国田野考古中，墓葬、遗址里都没有这么大的罐子。从"黑石号"的发现来看，这些大罐是用于装载小件瓷器的，是作为"包装箱"使用。这些大罐上有文字，汉字是烧造时刻画的，阿拉伯文是后来的墨书，看来是特殊的编号标志。

　　很多小件瓷碗出水是一摞一摞地放在大罐里，没有漏水的话，釉都保存得非常好，常年在海水里浸泡的就变样了，更差的就是那种把珊瑚、海贝固定在瓷器上。如果没有沉船发现，我们根本看不到这种实例。

　　古代人们使用的器物能够保留下来的，只是当时生活中极少的一部分；保留下来又能被考古发现的也是极少部分，而其中能够被我们做出正确解释的又能占多少呢？所以想通过文献资料或者遗址发现，就把古代社会全部复原，那是不可能的，但沉船上的货物却能打开另一扇窗户，让人们看到古代更多的精彩。

"黑石号"上还有一件很大的越窑大碗，椭圆形多曲，毫无疑问是越窑当时顶级的产品，没有被海水侵蚀的地方釉色相当好，这应该就是当时中国烧造瓷器最高水平的"秘色瓷"。越窑的精品器物中这么大的东西，我只在"黑石号"上见过。

"黑石号"上的瓷器还有很多问题无法解释，比如熏炉，这是一种很中国化的熏香用具，为什么大量出口呢？至于那个时期外国最需要、最喜欢的中国商品是什么，像这类问题，至今还没有人做出回答。

"黑石号"出水越窑青釉镂空熏炉

金银器与商胡

沉船上的金银器，造型各异，各种不规则形状的银盒，都可以与中国以往的考古发现对比。根据以往的研究，这些器物不仅产于中国，而且可以确定是南方扬州一带9世纪的产品。

"黑石号"出水银盒

西安市东郊纬十八街唐墓出土银盒

陕西蓝田杨家沟出土银盒

河南偃师杏园墓出土银盒　　　　"黑石号"出水犀牛纹银盘

还有两件崭新的金长杯和一件带把杯，如果不是从沉船上出来的，大多数人都会以为是新做的。金是惰性的，最不受腐蚀，虽然是古人做的东西，但稍加擦拭就像新的一样，不像铜器、银器容易发生腐蚀变化。

金长杯和带把杯是比较罕见的器形，原本是和丝绸之路上的文化融合有关。长形或者椭圆形的器物，不是中国传统器物的造型，除了汉至六朝时的耳杯，很少见到。长杯和耳杯也不同，它没有耳，而且器物是呈多曲形，多曲长杯在波斯萨珊时代流行，曾传到中国并被模仿，后来的演变就是"黑石号"沉船上所见金长杯的形态，多曲长杯在中国也有少量出土。

带把杯也不是中国传统器形，其原本来自中亚的粟特。唐代前期曾出现一批带把杯，其中有中亚粟特的输入品，也有中国的仿制品。器物特点是呈八棱器形，带个环形的把儿，折棱处和口沿、底部通常是联珠纹。俄罗斯埃尔米塔什博物馆和中亚地区的一些博物馆里有藏品，俄国著名学者马尔沙克在《粟特银器》一书中专门做过讨论。

沉船中这件金八棱带把杯，体积相对较大，每面有一歌舞胡人。唐代的金银器带把杯，在8世纪中期左右就消失了。那么怎么又出现在9世纪的"黑石号"上？这件金八棱带把杯，工艺制造水平不算高，纹样粗糙，而且焊接的地方都脱落了。但是在造型上与唐前期的同类杯十分相近，杯把、指垫上胡人头装饰中的细节都属同一风格，可能是外来货船的船主或船上的其他人定做的器物。

沉船上的方形金盘为首次发现，不仅在目前已发现唐代金银器中形态唯一，纹样主题是像芭蕉类的植物叶，而且在中心将之构成"卐"字图案，这在金银器上尚属首见，也可能是胡商按自己喜欢的纹样定做的。

唐代金银器，北方最重要的发现是在何家村和法门寺遗迹中。

河南洛阳伊川齐国太夫人墓出土金长杯 　　　　　"黑石号"出水金长杯

西安何家村出土金带把杯 　　　　　　　"黑石号"出水金带把杯

"黑石号"出水方形金盘 　　　　　　　"黑石号"出水提梁银扁壶

南方扬州附近也曾有三次重要的金银器发现：江苏镇江丹徒丁卯桥出土950余件银器；浙江长兴下莘桥出土100余件银器；浙江临安水邱氏墓出土38件银器。南方发现的器物风格与北方有别，显示出地区的特点，而且南方地区在唐代中后期的影响日渐扩大，当时皇室需要金银器，也会责成扬州地区制造。

8世纪中叶扬州发生战乱，唐将田神功平息叛乱时，在扬州大肆掠夺百姓及商人资产，商胡波斯被杀者数千人。田神功回到京师，向皇帝进献金银器等。这说明唐代后期扬州变成了金银器制作、销售的集散地，有地方作坊，甚至还有私人作坊。这改变了以前金银器制作要由官府来掌控、主要的制作中心在北方的情况。

"黑石号"上还发现一件提梁银扁壶，虽然保存情况比较差，但形态纹样清楚。说到扁壶，特别是带提梁的扁壶，通常会和游牧民族挂钩，因为能悬挂、贴体平稳的器物，才符合骑马携带的需要和野外使用，那么符合游牧民族使用习惯的器物，为何也到了船上并远销海外呢？

"黑石号"与扬州

"黑石号"上有几万件中国古代文物，也有少量伊斯兰陶罐、玻璃瓶等非中国器物，还有一些带烟熏痕迹的陶器，可能是船员的生活用品。古代船舶研究专家认为这是一艘阿拉伯船，远航来到了中国扬州，装满中国的货物后，在返程中沉没于爪哇岛附近。

中国古代早期城市和欧洲城市不同，大都不是因商业发展起来的，主要是政治和军事中心，直到扬州城的兴起才有了改变。扬州先有城后有墙，即经济发展起来之后按照唐代的制度重新修的城墙，是一个新兴的商业城市。扬州的兴起，开端于隋代，得益于同时开凿的南北大运河，它沟通了东西和南北的经济贸易，到唐代发展成最富有的城市，人称扬州"与成都号为天下繁侈，故称扬、益"，"扬州富庶甲天下，时人称扬一益二"。

扬州坐落在南北运河交汇点，又是一个出海口，因而获得了联络天下的良机，它以贸易集散地和生产中心为依托，以辐射四方为特征，以新型国际化城市的面貌迅速崛起，成为海上丝绸之路的主要出海口岸。

海上运输很少有放空的时候，在跨国贸易中，船上的货物常常几经更换，我们应该去思考，外国船来的时候给我们带来了什么？而出口商品中，哪些是对方需要的？"黑石号"的发现，在披露了很多鲜为人知的事情的同时，也提出了很多新的问题，解读才刚刚开始。

最后，我要强调，根据东印度公司17、18世纪的航海记录，那时每次航行平均有20%到30%人死亡，沉船率为10%。大家想一想，海上丝绸之路上古代的沉船会有多少？所以将来重大的考古发现和重要的学术增长点，一定是海上丝绸之路，一定是沉船考古。现在全世界有三个国家有专门用于考古的打捞船：法国、韩国和中国。中国自行设计制造的第一艘水下考古船名为"中国考古01号"，水下考古在以后一定非常重要，大家可以持续关注。

第七讲

走向盛唐

如果说南北朝时期丝绸之路上的文化交流还处在开放徘徊的过程中，唐代则进入了探索与融合的进程，并以自主创新走向辉煌。各种遗迹遗物，如陶俑、壁画、丝织品等，以直观、鲜活的形象，诠释着唐人的开朗、豁达。走向盛唐的中国，又以特有的魅力向外辐射。

唐代文物的盛世繁华

考古工作虽然非常辛苦，却很吸引人，能享受到发掘出精美文物的喜悦。当我们对中国古代文物有了一些了解之后就会感觉到，一进入唐代，各种文物风格都随之一变：有的似曾相识，有的前所未见，令人耳目一新。总之，新意浓重，划时代的感觉扑面而来，展示着大唐的盛世繁华，这是我们看唐代文物时的直观感受。这种盛世繁华，是通过各种遗迹遗物点点滴滴构成的。要把点点滴滴的"似曾相识"和"前所未见"解读明白，非常困难，也非常有趣。

唐代文物的总体特征是什么？每个人的理解都不同，但在形容唐代文物的时候，经常会出现"大气磅礴""雄浑奔放""丰肥浓艳""富丽堂皇"等词汇。这些词汇确实非常合适，比如唐代的石刻，大气磅礴、雄浑奔放。壁画、镜子、金银器等，丰肥浓艳、富丽堂

日本正仓院藏螺钿镜

西安何家村出土鸳鸯莲瓣纹金碗

唐李寿墓壁画仪仗出行图

皇。那时的人们把功能性很强的生活用品做得异常精美华丽,我们以此来探索唐人内心世界。

唐代的文化符号:陶俑

我做过一个调查:如果让你立刻说出印象最深的唐代文物,70%的人会回答是胖乎乎的女俑。可见这类文物已经变成唐代的文化符号。

陶俑的确是唐代常见的文物,可以说数量巨大,内容丰富。作为源于生活的标本,它无疑再现了时代风尚。说到唐俑,先看几条文献:

太极元年,左司郎中唐绍上疏曰:……孔子曰,明器者,

备物而不可用，以刍灵者善，为俑者不仁。传曰，俑者，谓有面目机发，似于生人也。（《旧唐书·舆服志》）

文武官及庶人丧葬，三品以上明器九十事，四神十二时在内……（《唐会要》卷三十八《葬》）

甄官令掌供琢石、陶土之事，丞为之贰。……凡丧葬，则供其明器之属。……当圹、当野、祖明、地轴、鞍马、偶人，其高各一尺，其余音声队与童仆之属。威仪、服玩，各视生之品秩所有，以瓦、木为之，其长率七寸。（《唐六典》卷二十三《将作都水监》）

第一条讲的就是俑。历代史书里都有《舆服志》，记载着包括车舆出行和人们穿着的规定，这在古代就是制度。这条记述强调俑是一种"备物而不可用"的明器，是为死人陪葬用的，而且俑要做得和现实中的真人容貌特征一样，即俑是模仿现实生活的。

第二条讲到官员要按身份高低采用不同的埋葬方式，陪葬的俑的内容、数量、材质、尺寸等都不同。

第三条讲"将作监"下面的甄官署，负责掌管琢石陶土类的制造，其中就包括要供给官员死后墓葬的随葬器物。也就是说，唐代官职较高的官员享受"官葬"，连墓葬里放的随葬品都由官府专门制作。

随葬的俑种类很多，比如文献中记录有"当圹、当野、祖明、地轴"，考古发现唐代墓葬一般在墓门口附近会有两个体量较大的镇墓兽，一个人面兽身、一个兽面兽身，后边还有两个很大的武士。后来在一个镇墓兽背后发现有墨书"祖明"二字，可以论定唐墓中四个较大的镇墓兽和武士即"当圹、当野、祖明、地轴"。而鞍马、偶人、音声、童仆，就是通常说的骑马仪仗队及男性和女性的侍者形象。

河南偃师杏园唐墓出土俑

不过，如果把考古发现与文献对照，并非能一一吻合，数量、尺寸也不能全部对号入座。这是为什么？一是我们的研究不到位，二是文献记载也未必可靠，三是当时虽然有制度规定，但很多人会突破这个制度。

女性俑

考古发现表明，从新石器时代到现在，人体骨骼没有大的变化。各个时代人们的外表差异，主要体现在服装及装饰上。墓葬中的俑群，以各种服饰、姿态和手持道具述说着自己的身份、性别、年龄、行为等，透露出那个时代的各种信息。

从唐俑中捕捉时代精神面貌和本质特点，大约应该从两个方面入手。一个是纵向比较，与汉代、宋代对比；另一个是横向比较，和日本、朝鲜半岛或者中亚、西亚对比，找出同类事物的不同之处。经过横向和纵向比较出来的特点，才是唐俑比较准确的特征。

汉代的俑已经比较多见，唐代更多，最常见也最引人注目的是一些女性形象。

显而易见，汉代、唐代女俑的风格不一样。汉俑比较谦卑，唐俑比较自信。另外，同一朝代不同时期也不一样，用唐代晚期的文物去讲述唐代前期的事情，一定是错误的。比如人们有一个很大的误解，就是"唐人以胖为美"。这是一个不准确的判断，如果说在唐代某个特定的时期，特定的人群当中以胖为美，我不反对。但是要说唐代以胖为美，就太小看唐人的审美了。唐朝本身也在变化，早期的俑比较清瘦苗条，后来才开始丰满肥胖了，而且并非全部。

俑的服饰更重要，汉、唐之间的差别，不光反映了时代的不同，也是当时精神面貌和时尚的展示。看唐诗里对女性的描述，就能说明一些问题。比如谢偃《乐府新歌应教》："细细轻裙全漏影，离离薄扇讵障尘。"王昌龄《采莲曲》："荷叶罗裙一色裁，芙蓉向脸两边开。"这说明由于纺织品的材质和染色有了极大的提高，服装才能出来这种效果。唐代后期的服装也有变化，白居易写的"时世宽装束"，裙子变得越来越宽，所以显得人也就胖了。另外，女性发型变化非常大，各种各样的髻，往左抛、往右抛、往前抛、往后抛都可以，成为某个特定时代的时尚。

但是，这些只是一种表象的观察，服饰反映人的精神面貌，背后有原因。比如很多唐女俑衣服肩部有棱，这应是特殊的服装——"半臂"所致。

半臂是去其长袖，成为短袖衣。宋高承《事物纪原》"背子"条云："秦二世诏衫子上朝服加背子，其制袖短于衫，身于衫齐而大袖。今又长与裙齐，而袖才宽于衫，盖自秦始也。"沈从文著《中国服饰史》，解释半臂又称半袖，是从魏晋以来上襦发展而出的一种无领（或翻领）、对襟（或套头）短外衣，它的特征是袖长及肘，身长及腰。这

上为汉女性俑，下为唐女性俑

种服装在唐代前期，即8世纪以前的女装中是极为常见的新式衣着。

初唐女装大多窄小细瘦，紧贴身体，袖子也细窄紧口，适合在外面套上半臂，半臂因领口宽大，穿时会袒露上胸。如果外面再穿衣服，肩部就会有棱，像一些女俑那样。

有的时代风尚，还与外来文化有关系。唐代很多人穿胡服，胡服样式有大翻领和裤子。中国早期不穿裤子，古代衣、裳分开，上边叫衣下边为裳，裳像裙子。唐代前期，时尚女性喜欢穿胡服，主要是翻领袍衫和靴裤，或者穿圆领窄袖襕衫，下身穿长裤，足登靴鞋，腰束革带，还戴胡帽。这种服装风貌，在汉代和南北朝很难找到。

与汉俑的相对单一完全不一样，唐代有女性骑马俑，女性还戴各式帽子，为什么会是这样呢？我在这里引用三条文献材料给大家解释一下：

> 武德、贞观之时，宫人骑马者，依齐、隋旧制，多著幂篱。虽发自戎夷，而全身障蔽，不欲途路窥之。王公之家，亦同此制。永徽之后，皆用帷帽，拖裙到颈，渐为浅露。寻下敕禁断，初虽暂息，旋又仍旧。……中宗即位，宫禁宽弛，公私妇人，无复幂篱

唐人穿"幂篱"图

之制。开元初，从驾宫人骑马者，皆著胡帽，靓妆露面，无复障蔽。士庶之家，又相仿效，帷帽之制，绝不行用。俄又露髻驰骋，或有著丈夫衣服靴衫，而尊卑内外，斯一贯矣。(《旧唐书·舆服志》)

百官家口，咸预士流，至于衢路之间，岂可全无障蔽？比来多着帷帽，遂弃幂篱，曾不乘车，别坐檐子。递相仿效，浸成风俗，过为轻率，深失礼容。(唐高宗咸亨二年［671年］诏令)

妇人服饰……帽子皆大露面，不得有掩蔽。(唐玄宗开元十九年［731年］诏令)

可见，唐初时女性穿"幂篱"，是把全身都遮掩起来；稍晚一点，很多人戴着"帷帽"不穿"幂篱"；到唐中宗时，"幂篱"就没人穿了；再晚一点，女性骑马开始穿胡服，整个脸部全都露出来了。这种变

彩绘骑马仕女俑

帽俑

胡帽俑

化先是从宫中的女性或者贵族女性开始，最后更多的人如此，成了一种时代潮流。

唐高宗对于不穿全身障蔽的"幂篱"很生气，为此还颁发诏令，认为"过为轻率"，伤风败俗。皇帝下达的诏令是具有法律效力的，因为在古代社会，穿着打扮是和礼仪制度联系在一起的，它不仅仅是个人喜好。而过了六十年，唐玄宗又下了一道诏令：女性服饰要统统把脸露出来，不许遮遮掩掩，这与唐高宗的诏令正好相反。由此可见观念的变化，尤其是皇帝的观念之变化。

服装的变化，女性最为敏感，这种变化表面上看，是一种社会风俗的变化，或简单地受异国风俗的影响，而背后却是人们思想观念的转变。

骆驼俑和马俑

俑本来是指人物形象，但考古学已经习惯于把墓葬中的动物形象也称为动物俑。汉代陶俑里开始出现骆驼、马、猪、羊、狗等和人有密切关系的动物，到北朝隋唐时骆驼俑突然增多，而且造型多样。这当然与丝绸之路的畅通有关。

汉代的骆驼俑数量不多，从造型上看，似乎表现的是众多动物中的一种。北朝以后就不一样了，骆驼俑塑造得不仅生动、准确，很多骆驼俑背上有驼袋、货物及帐篷，甚至连水壶、猎物都刻画得非常清楚，并且胡人和骆驼成为固定的搭配组合，即牵驼俑都是胡人形象。

骆驼有两种，一种是单峰的，一种是双峰的。双峰骆驼产于巴克特里亚地区，叫巴克特里亚骆驼，中国也有；单峰骆驼称为阿拉伯骆驼，中国没有。唐代骆驼俑中的单峰骆驼，与丝绸之路联系在了一起。那些带驼袋、货物、水壶、猎物的骆驼更生动展示着往来丝绸之路上的商旅生活。

汉唐时期马的塑像更多，同样，汉马和唐马的形象也有很大差

西安沙坡村出土西汉骆驼俑

骆驼俑

咸阳唐契苾明墓出土骆驼俑

别。在中国古代，"马者，兵之用也"。"兵马"代表军事，因为马匹在古代军事战争中至关重要。古代战争中，后勤没有马运粮，无法深入进军，而在冷兵器时代，骑兵和步兵的战斗力差距悬殊。汉代抗击匈奴，成败常常与战马的多少有关。即使到了宋代，由于马匹的数量远不及北方的辽国，所以战争中经常处于劣势。现在我们还用"兵强马壮"这个词来形容军事上的强大。

一般来看，汉马造型基本上还是蒙古马，比较矮，和西域马不是一个品种。

汉代以后，中原需要的良马和西域渴望的丝绸，逐渐形成了比较固定的"绢马贸易"。8世纪后半叶，绢与马的比价是"以马一匹易绢四十匹"。唐朝用于"赐回纥马价"的绢常常是五万匹、七万匹甚至二十几万匹，可见交换的规模和马的昂贵。

丝绸之路的开通，和马有很大关系。汉代为获得好马，要到西域去买、去抢。但马匹也是会

广西合浦汉墓出土西汉铜马　　　　　　河北徐水汉墓出土铜马

陕西乾县永泰公主墓出土三彩马

西安独孤思敬墓出土马俑

老化的"消耗品"，需要不断更新。但通常与西域开战后，需要马匹时恰恰得不到良马。直到唐代，才基本解除了这一困扰。唐人除了大量买马之外，还在西北设了很多军马场，自己养马并进行品种改良。《旧唐书·李抱玉传》载："武德功臣安兴贵之裔。代居河西，善养名马，为时所称。"安兴贵之子安元寿的墓已被发掘。安兴贵是粟特人，其子安元寿16岁进李世民的秦王府，负责守卫、陪从、鞍马诸事。

说起唐代驯养改良马匹，自然要提到突厥人和粟特人。考古发现提供了文献上没有记载的信息。宁夏固原发掘了一批唐代墓葬，根据墓志的记载发现，很多人是粟特人，而且和养马驯马有关：

史诃耽墓志载："义宁元年，拜上骑都尉，授朝请大夫，并赐名马杂彩，特敕北门供奉进马。武德九年，以公明敏六闲，别敕授左二监。"

史铁棒墓志载："趣马名官，驾人司职。……牧养妙尽其方，服习不违其性。害群斯去，逸足无遗。"

史道德墓志载："总章二年，拜给事郎，迁玉亭监。""又龙朔三年，诏除兰池监。"

这些人都是养马、驯马的专业高手，被官府任命为养马的官员。因此，我们看到唐陶俑中的马，健壮俊美，应该是改良后的马种，丝绸之路开通之后文化在融合，马的品种也在变化。这不仅暗示了唐代军事力量的强大，同时也反映了丝绸之路的故事。

至于为什么会在墓葬中出现骆驼、马的形象，而且由汉到唐越来越多，越来越美，大概是因为东西方之间的交流在社会上的影响越来越大，在人们心中的地位越来越高，那些源于生活而高于生活的艺术作品才会出现。中国是一个重农抑商的社会，不提倡经商，绢马贸易等成为国家大事，商品贸易中逐渐形成双方均能接受的价

西安鲜于庭诲墓出土三彩马　　　　　　唐三彩钱纹鞍马

值认同，这对重农抑商的观念多少也有所改变。

文化交流的绝妙见证：壁画

已发现的唐朝壁画也透露出很多信息。比如山西忻州九原岗北朝墓，这座墓有墓道，两壁绘满壁画，在墓室入口的上部，绘有面阔三间的建筑，两边还有廊。这种壁画布局与甘肃地区魏晋墓的"照壁"（即墓室入口上部的仿木结构的彩绘雕砖）有相似之处。北方地区魏晋到北朝的这些做法，到隋唐以后更加复杂，也更加明确。唐代懿德太子墓的墓室入口上面，与九原岗北朝墓的做法几乎一样，描绘着面阔三间的建筑，然而更像是一个城门楼，而且墓道两边出现了三出阙的阙楼。阙，夹门而建，是宫殿、祠庙和陵墓前对称建置的高台建筑物。所以，墓葬的壁画建筑，从北朝的简单到唐代的复杂，既是对历史文化的继承，又有所改变。墓室入口可以看成是一座城门，里面是一个地府世界。

山西忻州九原岗北朝墓室及壁画

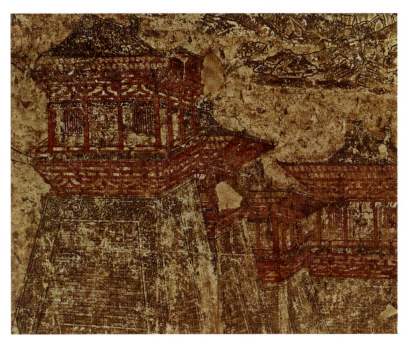

唐懿德太子墓壁画阙楼图

汉代墓葬壁画突出的是升仙天界等内容；到南北朝时期，仪仗队成了墓葬壁画的主流；唐代除了庞大的仪仗队伍之外，还有一些标识性的东西，比如戟架。唐代高级官员有门前列戟制度，数量和人的身份等级要相应，唐墓壁画中加入了这个题材，用来明确表示一个人生前的地位。

南北朝时期的南北、东西文化交融，为走向盛唐奠定了基础。墓葬壁画的很多内容都能看到对以往的继承发扬，也能看出丝绸之路上的中外文化交融更加深入。比如狩猎图。狩猎分几种：第一种是独自打猎，危险性很大；第二种就是群体围攻，危险性小，而且成功率高；第三种是训练动物猎杀，猎人没危险。这是狩猎的三个层次。动物参与狩猎，在山西忻州九原岗北朝墓室壁画中已经有所

山西太原北齐娄睿墓壁画

唐李寿墓壁画列戟图

山西忻州九原岗北朝墓壁画

反映，猎鹰抓野兔画得十分生动。唐墓壁画中不仅有猎狗，还有鹞子、鹰等各种助猎的帮手。《新唐书·百官志》记载："闲厩使押五坊，以供时狩：一曰雕坊，二曰鹘坊，三曰鹞坊，四曰鹰坊，五曰狗坊。"宫廷里有专门的机构来饲养供狩猎用的助猎动物。

陶俑中的狩猎形象，更进一步与丝绸之路联系在一起。唐代的骑马俑后边会出现狗或鹰，这些都表示是狩猎俑。西安金乡县主墓出土的两个陶俑比较奇特，马背上一个是猞猁，一个是豹。这两种猫科动物很凶猛，可以训练出来狩猎，是从中亚传过来的狩猎方式。

在狩猎场景中，无论是唐墓壁画或是唐代织物，都出现了翻身射狮子的图案，这明显是受外来文化的影响，因为中国没有狮子。翻身射箭姿势的陶俑，有男有女，正如唐诗中的描述："已落双雕血

唐懿德太子墓壁画

尚新，鸣鞭走马又翻身。"（杜牧《赠猎骑》），"射生宫女宿红妆，把得新弓各自张。"（王建《宫词》）有人认为翻身射箭是"波斯射法"或"安息射法"，这种说法是指艺术表现形式，而非狩猎方式。的确，在已知的图像、塑像中，波斯人更多采用这种射箭姿势。

有些外来文化到了中国之后，经过流传改造，到唐代已经演变成为中国文化的组成部分。陕西西安有一

西安金乡县主墓出土彩绘骑猎俑

狩猎俑

唐韩休墓壁画乐舞图

个重大的考古发现——唐代韩休墓，这个墓里有一幅完整的山水画，还特别在四周画了一个框，给人感觉就是在家里挂了一幅画。这幅画作为研究中国早期山水画的发展历史的重要实证而引起人们的关注。其实在这座墓的西壁，还有一幅巨大而完整的乐舞图，也十分罕见。与以往所见墓葬壁画不同，此画面分为两组人物，即男乐舞团和女乐舞团，有的在奏乐，有的在跳舞，个个表情生动。男女舞者都在一块小圆毯上跳舞，男性跳的应该是胡腾舞，女性跳的是胡旋舞。这些快速腾跳或者快速旋转的舞蹈，都是来自中亚。西方的乐舞很早就传到了中国，但到了唐代，有的融入华夏乐舞中，有的广泛流行起来。

　　山西太原北齐时代的徐显秀墓，以精美的壁画著称。表示墓主人宴饮的图像两边是伎乐，其中有两位弹琵琶的乐手并排站着，可以看到一人弹的是五弦琵琶，一人弹的是四弦琵琶。

　　琵琶最早见于史载的是汉代刘熙《释名·释乐器》："枇杷本出

北齐徐显秀墓室北壁壁画

于胡中，马上所鼓也。"后来的《通典》记载："自宣武（北魏世宗）已后，始爱胡声。泊于迁都，屈茨，琵琶，五弦，箜篌，胡箜，胡鼓，铜钹，打沙罗，胡舞，铿锵镗鞳，洪心骇耳……""弹琵琶，五弦及歌舞之伎，自（北齐）文襄以来皆所爱好。自河清以后，传习尤盛。"有学者研究认为，四弦成型在西亚，而五弦琵琶出现在印度；也有人认为五弦琵琶和四弦琵琶都诞生于中亚。这些外来的乐器，在北朝以后逐渐成为中国乐器的重要组成部分。

日本正仓院收藏有唐代五弦琵琶和四弦琵琶的实物，说明唐代前期五弦、四弦琵琶都有，大约中晚唐开始五弦琵琶少见，白居易的《琵琶行》里说"四弦一声如裂帛"。宋代以后没有五弦琵琶了，都是四弦琵琶。琵琶从外国传到中国，后来又传到日本了。正仓院的五弦琵琶非常有趣，它上面

日本正仓院藏唐螺钿紫檀五弦琵琶上的图案

的图案是胡人骑骆驼，手里却拿着四弦琵琶。四弦琵琶、五弦琵琶、胡人、骆驼、唐代的螺钿工艺，是丝绸之路文化交流的绝妙见证。

丝织品纹样的演变

中国纺织品到了汉代，实物已经非常丰富，纹样中有动物、人物、云气等，艺术表现灵动抽象，不少出自想象和传说，夸张变形，充满神秘意味。这些纹样也出现在同时期的漆器、陶器、壁画上，被解释为与表现仙界有关。

丝织品上的纹样进入北朝后风格一变，最引人注意的是联珠圈纹的出现。联珠圈纹是特殊的一类，是由联珠组成的圆形团窠，里面有各种动物，这是中外文化交流的产物。有些联珠圈内，是胡人饮酒的图案，人物深目隆鼻，穿窄袖长袍、长筒靴，系皮带。还有的是胡人牵骆驼，有的甚至直接织出"胡王"的文字。

新疆阿斯塔那18号唐绍伯墓出土联珠纹"胡王锦"

联珠圈纹本身就具有浓郁的外来风格，圈内有动物，也有西亚中亚装饰的特点，如猪头、衔珠立鸟等。但北朝到隋唐的织物中，联珠圈纹内的动物又出现了新样式，有鸟、马、孔雀、鹿等，产地应该在中国。丝绸之路开通后，西方需要巨量的织物，因此十分有必要设计制造投其所好的出口产品。

进入唐代以后，联珠圈内的动物，常常以成对的方式出现，鸟、鹿颈部有飘带等浓郁的外来风格慢慢减少或淡化处理。联珠圈的联珠变成花草，最后联珠圈组成的团巢变成了花朵，甚至演变成唐人喜欢的"宝相花"，那些充满胡风的织物，来得突然，一度非常流行；去得迅速，很快融合改造为大唐新样。

唐联珠对孔雀纹锦　　　　　　　　唐联珠对鸭纹锦

唐银红地宝相花纹锦

唐联珠鹿纹锦覆面　　　　　　　　唐花鸟纹锦

如果说南北朝时期丝绸之路上的文化交流还处在开放徘徊的过程中，唐代则进入了探索与融合的进程，并以自主创新走向辉煌。各种遗迹遗物，以直观、鲜活的形象，诠释着唐人的开朗、豁达。走向盛唐的中国，以其特有的魅力向外辐射。

第八讲

外来文物与中国文化

考古发现大量实物证据，就中国方面而言，不仅发现不少外来文物，汉唐时期自身制造的一些器物中有些造型、纹样原本来自外来文化，最终融入了人们的生活之中。鉴别外来器物，考证某些中国自产器物的渊源流变会发现：交流使社会的物质文化不断推陈出新，精神资源不断丰富发展；交流也激发出人类创造和发展的活力。

丝绸之路的起源和发展

人们常说到文化的"影响"，其实单方面的输出或输入，有时构不成影响。交流，才是一种双向的互动。所谓文化传播，是互相的馈赠。

从西安到敦煌、奥什、安集延、撒马尔罕、布哈拉、伊斯法罕、大马士革、伊斯坦布尔，这条长达几千公里的丝绸之路显然不是中国的专利，而是一条东西双向的开放之路，是一条多国共同维护的文化交流之路。它如同网络，把人们连接在一起，彼此交换物品、信息，传输技术、科学，激活思想观念，融合不同文化。

考古发现大量实物证据，透露出古代文化交流的价值。就中国方面而言，不仅发现不少外来文物，汉唐时期制造的一些器物中有些造型、纹样原本来自外来文化，最终融入了人们的生活之中。鉴别外来器物，考证某些中国自产器物的渊源流变会发现：交流使社会的物质文化不断推陈出新，精神资源不断丰富发展；交流影响了人们的思想行为，并激发出创造和发展的活力。

总之，交流给人类社会带来了巨大进步。

"普天之下莫非王土，率土之滨莫非王臣"，这是中国早期的政治地理概念，统治者认为，我们是天下的中心、主宰。所以先秦时期，分天下为"九州"，统一归属于"天子"。还有"华夏"与"蛮夷"之分，"东曰夷，西曰戎，南曰蛮，北曰狄"，统称"四夷"。后来又被儒家发挥成"天无二日，土无二王，家无二主，尊无二上"的说法，这是中国早期的大一统观念。

这种根深蒂固的观念是在什么时候发生动摇和变化的？我想和张骞通使西域有关系。

张骞通使西域一共去了两次：

第一次，公元前139年—公元前126年，到达大宛（位于今费尔干纳盆地）、康居（今哈萨克斯坦共和国东南）、大夏（阿姆河流域）。

第二次，公元前119年—公元前115年，到达大宛、康居、月氏、大夏等国。乌孙派使者几十人随同张骞一起回到长安。此后，安息（波斯）等国的使者也不断来长安访问和贸易。从此，汉与西域建立了交流。

汉建元二年（前139），张骞率一百多名随从出使西域，打算与

敦煌莫高窟323窟《张骞出使西域图》

月氏人结盟对付匈奴人，但中途遭匈奴俘虏。汉武帝元光六年（前129），张骞和随从堂邑父逃出，翻越葱岭，到达大宛，他们看到了汗血宝马，大宛国王帮助张骞等人到达了月氏人所在地（今巴尔喀什湖和咸海之间），在这里他们还看到了"邛竹杖""蜀布"，当地人称这些来自"身毒"（即印度）。汉元朔元年（前128），张骞启程回国，又被匈奴擒获。元朔三年（前126），匈奴单于死，张骞乘机带着匈奴妻子和随从堂邑父逃脱，终于回到了自己的国家。一百多人的使团，生还的只有两人。汉武帝封张骞为太中大夫，授堂邑父为奉使君。

历史的本来面目，才是史学研究的基础，这有助于我们把历史作为今天的借鉴。张骞第一次通西域，两次被俘，逃亡回来时加上匈奴妻子只有三人，不可能带回西域的各类物产实物，他能做的，主要是向汉武帝或者一些大臣讲述在西域的见闻，况且他第一次通使西域的目的是去联络大月氏夹击匈奴，并非通商。第二次情况虽然好多了，但是不管怎么样，在物质文化层面对中国没有产生什么影响。事实上，熟悉中国古代文物的人都会知道，西汉文物中和西域有关的文化因素非常少，东汉以后情况才逐渐不一样了。

但是，我仍然认为张骞通使西域的意义十分重大。它的重要性在于开创了政府之间的往来。在张骞通西域之前，东西方之间的民间往来就有，比如南西伯利亚发现战国时期的丝织品和铜镜，但是民间往来的规模很小，局限性很大。张骞通使西域后，政府之间建立正式往来，层次、规模、影响完全不一样了。这是统治阶层的思想观念变化了，改变了过去把异态文明看作是敌人、采用一些极端方式加以对付的做法，从满腹狐疑的防范心理到试图了解和交流的渴望。从此以后，人们开始寻找东西方文明对峙中武力之外的解决办法。

汉代之后，丝绸之路兴盛，这中间也有思想观念的转变。很值得一提的是隋炀帝，大业五年（609），他亲自西巡，历时半年到达张掖，会见了西域二十七国的君主、使臣。后来他又召集西域三十余国在洛阳进行一个月的交易，盛会昼夜不歇，灯火辉煌。这可以称为中国历史上第一次"万国博览会"，对中外交流是一次大促进。

唐代对外实行积极主动的外交。唐高祖李渊统一后，在宫廷里举办宴会时庆贺说："胡越一家，自古未有也。"这句话翻译成现代语言，就是"各族人民大团结万岁"。

后来唐太宗李世民打败了西突厥，他说："西突厥已降，商旅可行矣！"战争不是目的，最终是要进行友好通商和友好交往，因此"诸胡大悦"。唐太宗还曾说："自古皆贵中华，贱夷狄。朕独爱之如一，故其种落皆依朕如父母。"主张对所有民族一视同仁，这也是他做皇帝很伟大的地方。

丝绸之路就这样逐渐改变了人们的思想观念：汉代的交流更多附属于军事政治目的，比如买马是为了增强自己的国力，如果他们不卖，就抢、就打；南北朝时比较纯粹的商业交往增多；唐代在物资交换的基础上更注重文化交流。这是一步步阶梯式的转变。

如果我们仅仅看文献，对丝绸之路的解读可能不太深，因为文献记载经常是歌颂卫青、霍去病、苏定方、高仙芝等将军打仗，平定西域立下战功。但是看文物就不一样了，大量的骆驼，精美的器物，这些像是丝绸之路上和平友好的符号，通过它们，似乎可以看到人们不断往来于丝绸之路之间的热闹景象。

南北朝之后，考古发现的骆驼俑突然增多了，而且骆驼身上都有一些标识性的东西，比如货袋、生丝或者丝绸等。到了唐代，骆驼俑就更多了，包括壁画也是。骆驼载满货物，胡人头戴尖帽，深目高鼻，络腮胡须，身穿翻领束腰长袍，足穿长筒尖靴。他们牵驼牵马的样子，令人想到唐朝诗人张籍《凉州词》中描述的场景："无

敦煌莫高窟45窟《胡商遇盗图》

章怀太子墓壁画《客使图》

数铃声遥过碛，应驮白练到安西。"

尽管丝绸之路在唐代已经发生了很大变化，但路途还是非常艰难的，会遇到一些不测，比如在敦煌壁画里就有一幅《胡商遇盗图》：三个唐服汉人强盗截住了一支胡人商队，胡商不得不将货物卸下当作买路钱，还双手合十，祈求菩萨保佑。类似壁画在敦煌不止一幅，这也说明了当时丝绸之路上往来的商人很多。

要想保证丝绸之路畅通，必须对道路安全做出保障。目前在河西地区远离居住区的荒凉地方，还耸立着非常多的古代长城、烽火台、城堡遗址，这些建筑当时的目的之一，就是为了保证商路安全。为什么在西域会经常发生战争？因为谁能控制商路，谁就能从中获得最大的利益。

丝绸之路开拓了从统治者到普通百姓的视野。统治阶层坚持着包容、开放的治国方略。进行商品交易时，"朝贡贸易"之外，公平意识也开始渗透到人们的观念中。双向的交流，促使人们在古老传统和外来文化的矛盾旋涡中寻找自己的前进方向。

丝绸之路的交流，在唐代达到一个高峰。章怀太子墓壁画《客使图》描绘了唐代官员接待外国使臣的情况：前边三个人是唐朝鸿胪寺的官员，专门负责外交事务，所以他们统一穿正装；后边三人是外国使臣的代表，正在等待接见。"九天阊阖开宫殿，万国衣冠拜冕旒。"王维诗中的景象在壁画上得到生动的展现。

商品的魅力与东西方的碰撞

丝绸之路发展以后，外国输入的物品都有哪些？发现在哪些遗址里？它们来自哪些国家和地区？这是外来文物给我们带来的思考。

小小的商品，潜移默化的影响力其实很大。人们最初总是通过一些具体的商品知道了对方，并产生了解、接触对方的欲望，器物的传播常常起到了解外来文化的作用。

对异域物产的好奇和需求，是双方商贸交往的最初动因。特别是在重农抑商、自给自足的古代中国，商业的繁荣是对传统的冲击，商品交流过程中带来公平意识，影响到人们在生活其他方面的态度。

中国考古发现了很多外来的钱币，有波斯萨珊、东罗马、阿拉伯等国家的。据统计，中国目前出土的波斯萨珊银币累积起来大概有三千多枚，其中有一些钱币被打孔当坠饰；还有一些在尸体的嘴里，表达一种丧葬观念，总之是当作珍贵的物品。但是，在新疆乌恰县发现的近两千枚波斯银币却很特别，

西安何家村出土萨珊银币

因为附近没有任何遗址，很可能是胡商在遇到特殊情况后就地掩埋。这么多钱币说明什么？不能仅仅把它们当珍奇物品看待，这应该是商人贸易的资本。钱币是任何一个国家都要严格管控的特殊商品，为什么成批地出现在中国？至少说明波斯钱币在当时的河西地区能够使用，出土文书也证明当时西域用金、银交易，可见当时贸易交往的深度非同一般。

此外考古还发现各种各样的玻璃器。我们国内发现明清以前的玻璃绝大部分都是外国的，这是一个特殊的现象。中国古代玻璃制作并不发达，而西方玻璃有三大类：罗马玻璃、萨珊玻璃、伊斯兰玻璃。这些玻璃，在不同时期都通过丝绸之路传到了中国。商品中

陕西扶风法门寺地宫出土玻璃盘

包含着文化内涵，人们在享受外来物品的同时，也逐渐学习着改变自身，并了解外部世界。如同西方通过美丽的丝绸认识了中国一样，中国也通过外来商品逐渐认识了外部世界。

织物上的纹样与人的思想观念以及意识形态有关，有些纹样是不可能出现在中国的。像那种裸露躯体搏斗的图案，是希腊罗马人的风格，这种纹样附着在实用的织物上传到中国，不可能不对中国人的思想观念产生影响。为什么唐代的服饰发生了很大变化？就是不断的交流使其慢慢发生了改变。

考古发现的古代金银器中，也有不少外来的。比较有名的是广州西汉南越王墓出土的水滴纹银盒，应该来自波斯帝国（见第10页图）。还有山西大同封和突墓出土的波斯萨珊银盘，尽管残破，但学术价值超过世界各地的所有馆藏传世器物（见第11页图）。

归纳一下，中国发现的外来文物之所以重要，是因为具备以下

新疆尉犁营盘墓葬出土红地对人兽树纹罽袍纹样

五个特点：

1.有准确的出土地点；

2.经过科学发掘获得；

3.器物制作年代下限明确（有墓志伴出）；

4.同其他器物有组合关系；

5.器物保存完好。

知道这些之后再看史书记载，理解就不一样了。从汉到唐，史书中对西域的描写带着蔑视口吻及诋毁意味的语言越来越少，到了唐代，甚至有一些带有赞美的意味。

通过商品的沟通，唐代人不再一味用居高临下的态度描述其他诸国，频繁的商贸活动成了东西方文明的对话之路，然后成功地转化为文化的交融，这就是交流的价值。

模仿、借鉴、融合与创新

外来器物最迷人的地方，不光是新颖，它们没有仅仅停留在使用的层面，而是很快出现了模仿、借鉴、融合、创新。提到外来器物对中国的影响，我们可以思考，中国接受了哪些外来文化因素？为什么会做出那些选择？外来文化因素与中国文化是怎样重新搭配组合的？

文化可以传播，但不是什么文化都能够产生影响，有些东西我们就接受不了，比如前面列举的丝织品上的裸体纹样，中国古代传统观念无法接受。但有些东西马上就被我们接受了，特别是技术，比如南越王墓出土的小金花泡，非常细的金丝，还拧成双股，极小的金珠焊出立体的高浮雕的效果，很快就被中国人学会了，并做出了金灶、金龙。

广州南越王墓出土金花泡 　　山东莒县汉墓出土金灶

河北定州汉墓出土累丝镶嵌金龙

　　金灶都是用金丝、金粒来做，采用的技术与金花泡一样，但毫无疑问是中国制造。一般汉墓里都有整套的明器组合出土，井、仓、灶、猪圈、厕所，这是当时的丧葬习俗。龙的形象在外国也有，但文化含义不一样，形象也有差异，我们认为龙是吉祥高贵的化身，他们认为龙是一种凶恶猛禽。

　　外来器物传到中国之后，首先在技术层面产生了影响。唐代金银器、瓷器都出现了花口形、略有凸凹的器物，这来源于粟特和波斯萨珊制作金器的锤揲技术，这种技术在丝绸之路畅通以后开始流行，并且一直流传下来，最后变成中国人也喜欢的造型和纹样。

　　当然也有失败的模仿，比如西安何家村遗址发现有水波纹的器物，就是受外来文化影响而制作的，后来在使用中发现它不符合中国

西安何家村出土
鎏金海兽水波纹银碗

人的生活习惯，无法与外来文化元素很好地融合，慢慢就被淘汰了。

所以，影响和互动是不一样的。从文化的角度来说，各种思想都可以传播，但想要改变一个国家的传统很不容易。

再举个例子，今天随处都可以看到的带把杯，是从唐代开始在中国内地流行的。它的原型是中亚粟特人的带把杯，特点是带一个环形的把儿，上面还有指垫，这种器物通过丝绸之路传到了中国。

传到中国以后，中国人开始进行模仿。西安何家村出土的带把

粟特带把杯

粟特碗形银杯

杯中有传入的，也有中国仿造的。最初的仿造，甚至连指垫上边的胡人头都给模仿出来了，这是外来文化对中国产生影响的第一步。

还有几件为什么说是中国人的模仿呢？因为上面的纹样是纯中国式的缠枝卷草纹，这应该是唐人进行了改造。再后来，口沿、圈足上的联珠纹，指垫上的胡人头都没有了；杯体有的变成碗形，甚至出现了中国人喜闻乐见的狩猎图和仕女图，纹样彻底中国化。

先有输入品，然后出现模仿，进而做些改造，再融合创造，推出新的作品，这一过程体现了唐人对异域文化的取舍，这些东西最后以崭新的面貌出现，符合唐人的使用和欣赏习惯，到宋代以后就变成平常的器物了。今天的带把杯各种各样，但后来万变不离其宗，大家未必想到，它最初与外来文化的馈赠有关。

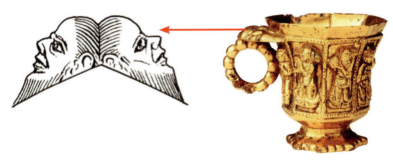

西安何家村出土鎏金伎乐纹八棱金杯

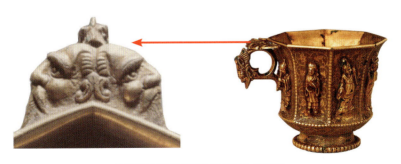

西安何家村出土鎏金伎乐纹八棱银杯

西安韩森寨出土缠枝纹带把杯

　　再来看胡瓶。胡瓶毫无疑问是外来的器物，应该是在南北朝时期开始传入。目前的发现有宁夏固原北周李贤墓、内蒙古敖汉旗李家营子出土的银胡瓶。作为丝绸之路象征符号的骆驼俑背上，除了满载货物，也常见挂有一个胡瓶。这种器物很方便实用，带把儿，有流，倾倒液体时不像坛子罐子那样容易洒出来，所以它传入中国之后很快开始流行。首先由贵族引领了时尚，唐代墓葬壁画可以见到其使用的情况，紧接着在陶瓷器中大量制作，唐代后期以后演化出各种各样带把壶。

　　带把杯、胡瓶后来在比较廉价的陶瓷器中广泛制造，说明这种器物被更多的人所接受，已经普及到人们的生活之中。一种器物及背后的文化在传入之后，不仅对中国人的饮食、生活使用的器具产生了影响，也再次证明，只有通过交流，人类才能共同进步。

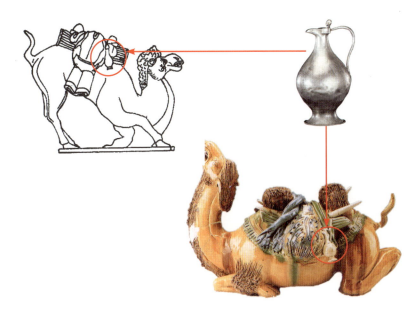

中国出土西方"胡瓶"

文化的力量

丝绸之路上文化的影响是双向的。中国文化对外国的输出，可举一个较晚的例子，就是青花瓷如何走出中国，影响世界的。

意大利画家乔瓦尼·阿戈斯蒂诺·达·洛迪（Giovanni Agostino da Lodi，1470-1519）在1500年画了一幅画，是耶稣给信徒洗脚，洗脚盆就是中国青花瓷的，画得非常写实，中国有同类器物。在欧洲17世纪静物画派的作品中，中国的青花瓷是非常常见的道具。

另外，元代以后西亚兴盛的细密画里，也有非常写实的中国瓷器。中国输出的瓷器，对世界上很多国家后来的陶瓷制作都产生了很大影响。

当然，在文化的传播中也会产生误解误读。比如法国艺术家

Jean Bérain 的 1700 年设计稿《中国人》（收藏于法国巴黎国家图书馆），他是为当时的欧洲贵族参加化装舞会装扮成中国人提供参考。虽然形象奇怪，然而这个古怪的人物，也留给人们更多的对遥远中国的想象空间。

还有制造于 18 世纪初的法国博凡挂毯（Beauvais Tapestry）上的图案是《中国的故事—皇帝乘船航行》，这种挂毯不止一幅流传至今。他们想象中的中国皇帝、皇后、宦官坐着龙舟出游，可无论是船、建筑、椅子，甚至服装，都与中国的相差甚远，这是他们根据传说、想象创造的作品，其中糅合了很多西方的元素，这种作品，中国人看起来像是外国，而外国人看来像是中国。这种误解误读，也是一种文化传播，文化交流也包含着这种文化的误读。这种现象

《中国人》 巴黎国家图书馆藏

《中国的故事—皇帝乘船航行》 巴黎罗浮宫藏

也提示我们，要彻底了解另一种文化很困难，古代如此，现在也一样。人类社会的交流，就是在不断碰撞磨合中加深理解。

没有外来文化的参照，我们很难看清楚自身，了解不同文化之间的差异与共性，会开拓人们的视野，增强包容性。无论是古代还是现代，不同的文化享有许多共同的美、共同的人性，人类就是在这种交流中不断发展变化着。伟大的丝绸之路，是商业贸易之路，也是东西对话之路，是友好往来之路，更是文化交流融合之路。不同文化之间的借鉴乃至融合，古人为我们提供了经验、教训和方向。

第九讲

揭开面纱却更加神秘的虞弘墓

山西太原虞弘墓是"1999年全国十大考古新发现"之一。但目前对虞弘墓图像的阐释，推测的成分远远多于实证。曾经燃烧着熊熊圣火的祆祠，一座座地倒下，默默地远离喧嚣的历史，成为陌生的文化，被人们遗忘在记忆的角落里。虞弘墓的发现，让人找回失落的文明的片段，我们对它的解读也许刚刚开始……

令人震惊的考古发现

山西太原虞弘墓是"1999年度全国十大考古新发现"之一，在学术界和社会上影响巨大，也引起了国际学界的关注。

虞弘墓最主要的发现是出土了一个石椁，国家一级文物，曾经很长时间在国外展出。中国古代葬俗中有棺椁藏尸的习俗，即里边是棺外边是椁。虞弘墓的椁是石雕的，上边有丰富的纹样图像，带有非常浓郁的异国风情，在过去的正式考古发掘中从来没有见过，这让考古、历史、美术等方面的专家都非常吃惊。除了有精美的石刻，石棺上还有彩绘，甚至有涂金，因此可以肯定，这个墓主是一个身份特殊的人。

出土墓志显示，墓主虞弘是一个旅居中国的外国人后裔。

虞弘墓位于山西晋阳古城遗址南6公里处的太原市晋源区王郭村。

《新唐书·李嵩传》记载："太原俗为浮屠法者，死不葬，以尸弃郊饲鸟兽，号其地曰'黄坑'，有狗数百头，习食胔（zì），颇为人患，吏不敢禁。嵩至，遣捕群狗杀之，申厉禁条，约不再犯，遂革其风。"山西太原人死后不埋、让鸟兽吃光尸体的奇怪习俗，称为"浮屠法"。浮屠是指佛教，其实这种习俗和佛教完全没关系，是祆教习俗。祆教又称琐罗亚斯德教（Zoroastrianism）或玛兹达教（Mazdakism）、拜火教，产生于公元前6世纪，曾在今伊朗及中亚各地广为流行。祆教奉《阿维斯陀》（Avesta）为经典，其基本教义是

1999年7月发掘虞弘墓现场

虞弘墓石椁

善恶二元神论。至少在魏晋时期，祆教就传入了中国。

虞弘墓石棺上的图像，至今为止还没有人能完全解读，或说是得到大家公认的解读。考古学就是这样，有时候一个重大发现，虽然解决了历史上的某个重要疑问，却提出了更多的新问题，这也是学术之所以永久不衰的原因之一。

虞弘其人

先介绍一下虞弘。史书里查不到这个人，根据墓志记载，他祖籍为"鱼国人"，祖父是"鱼国领民酋长"。可知虞弘是鱼国高级贵族甚至王室后裔。他的父亲在中国西北一个叫柔然的游牧王国做官，虞弘13岁时曾代表柔然出使波斯、吐谷浑等国，后来在北齐、北周、隋三朝任官，比较重要的是他在北周任"检校萨保府"。萨保既是商务首领又是宗教首领，萨保府即负责在华的外国人事务。虞弘于隋开皇十二年（592）去世，六年后与夫人合葬于太原城郊。

虞弘墓志涉及了一些关键词：鱼国、柔然、波斯、吐谷浑、萨保。

鱼国，史书上同样没有记载，它究竟是什么样的国家，位于哪里？学者的认识各种各样：

有人认为鱼国是西域一个鲜为人知的小国或部落。

有人根据"月"和"鱼"古音相近，推断虞弘是大月氏人。

有人认为鱼国即希罗多德《历史》中提到的马萨革特人（Massagetae）。

有人认为鱼国是北朝末期出现在史书中的杂胡部落之一，属于铁勒的一支。

……

我统计了下，大概有七八种说法，虽然有所不同，但没有人怀疑他是外来民族的后裔。

再说柔然。柔然，亦称蠕蠕、芮芮、茹茹、蝚蠕等等，是公元4世纪末至6世纪中叶活动于我国大漠南北和西北广大地区的古代民族。最盛时（约410—425）其势力北达贝加尔湖畔，南抵阴山北麓，东北到大兴安岭，东南与西拉木伦河的库莫奚族（中国古代东北方少数民族）及契丹为邻，西边远及准噶尔盆地和伊犁河流域，并曾进入塔里木盆地，使天山南路诸国服属。

6世纪中叶，阿尔泰山南麓的突厥部日益强大，发兵击柔然，柔然汗国灭亡，王室逃至北齐。迁居内地的柔然人，通过杂居共处、互相通婚等各种途径，先融合于鲜卑，最终被同化于中原汉族之中。

虞弘去过波斯。波斯是位于现在伊朗的古代王朝，伊拉克和阿富汗都曾经属于当年古波斯帝国的版图。波斯帝国于公元前550年开创，公元3世纪开始兴盛，最辉煌的时期是在619年完全征服了整个埃及和高加索山脉地区。626年，波斯人在对拜占庭首都君士坦丁堡的围攻战中，以惨败而告终。拜占庭人趁机发挥自己的优势，开始入侵波斯帝国的领土。波斯帝国在651年被阿拉伯军队击败，末代君主亚兹德盖尔德三世（Yazdgerd Ⅲ）的王子卑路斯逃到中国唐朝，到663年波斯终为阿拉伯帝国所灭。

波斯和中国往来密切，对中国人的影响也非常大。我举两个例子。

一是唐代李商隐的《义山杂纂》里有"不相称"条，列举"瘦人相扑""屠家念经""先生不识字"等人与行事不相合的现象，"穷波斯"为其中一项，因波斯商人多富有，如果是波斯人又穷，则实为不相称。

另一个例子是，1963年，扬州市东北近郊五台山一带出土了一方唐光启二年（886）"河东郡卫氏夫人墓铭"。据志文记载，卫氏"育子五人，二男三女，长子曰延玉，次子曰波斯"。在人们心目中都把波斯人当成富人，这样取名是吉祥的，有富贵、发财、喜旺之意。

吐谷浑也是中国古代西北的民族，在战胜了羌、氐部落后，建立国家，统治了今青海、甘南和四川西北地区。663年吐蕃举兵灭吐谷浑，首领诺曷钵率领残部投唐凉州，一部分吐谷浑人留居故地，成为吐蕃属国。

萨保，本指商队的首领。通常很富裕的人也受人尊重，在外族人当中很有影响力。丝绸之路上的外国商队和移民，有些到中国后形成小规模的聚落，需要有特殊的管理者和机构，于是朝廷设立"萨保府"制度，萨保府在萨保之下还有下级官员。这一行政机构，带有民族自治的性质，表明外来人口和宗教在华发展的合法化。

总结一下，虞弘的祖父是"鱼国领民酋长"，父亲在柔然做官，他13岁时出使波斯、吐谷浑。后来在出使北齐时，柔然灭亡，他被扣留在北齐任官，北周取代北齐，虞弘成为萨保。隋朝于公元581年建立，虞弘的地位未受影响，他死于592年，时年59岁。虞弘及家族曾服务于强大的游牧帝国，他本人在外交或商队旅途中度过青年时代，他参与出访波斯和吐谷浑的事件被作为大事记录下来，说明虞弘是外国人的后裔，在朝廷任官，还是一位"外交家"。

来自远方的宗教

虞弘墓发现的雕刻图像里，最引人注意、最重要、最让人惊奇的是这幅图像：中间是一个火坛，火坛两侧是人首鸟身、戴着口罩的两个人，这明显和中国文化没有关系，而与祆教有关。在祆教里，火非常神圣，所以祭祀人员一定要戴上口罩，防止自己的唾沫污染火坛。波斯王朝早期以祆教为国教，在他们制作的很多器物上也能

虞弘墓椁壁浮雕上的袄教祭祀图案

够看到祭司的图像。

袄教主要是在古代伊朗盛行，对中亚地区也有很大影响。目前中亚五国发现的古代图像中，也发现有这种戴口罩的祭司的形象。

为什么虞弘墓的发现会引起国际关注？因为如果研究伊朗、中亚历史文化，就会知道袄教很重要，可是他们那里并没有发现这么好的图像。

如在波斯萨珊钱币上，正面是不同时期君主的头像，反面都有袄教火坛图像。大约两千年前，希腊地理学家斯特拉波（Strabo）曾经游历波斯，留下关于袄教徒圣火崇拜的珍贵记录："他们有火庙，其四周显然有围墙；中间有祭坛，坛上有大量的火烬。麻葛们（专司宗教活动的种姓）保持着火永燃不灭。他们每天都到里面祈祷一个小时……在火前，他们披戴头巾，头巾垂至面颊，遮住嘴唇。"

一位穆斯林作家也曾对伊朗的袄教神庙进行过描述。他说："建筑之下，有一火屋……该屋中之火永不熄灭，其有专人轮流照管。照料火的僧侣，鼻口均有遮盖。他们用银钳夹小块柽柳木，投入火里。当火焰缩小时，便把木块一一投入。"

随着祆教传到中国，其图案也对中国产生过影响，但不能过分夸大。中国古代宗教很多，佛教讲普度众生，基督教也讲传播福音，祆教却和佛教、道教等不一样，只在中亚人和西亚人内部信奉。所以在中原传统文化的汪洋大海中，流寓中国的祆教徒很快就被淹没，并被逐渐汉化，极少能找到反映祆教信仰的遗迹遗物。有些相似的图案，也是祆教图案转化为艺术形式后带来的影响。

人兽搏斗图

虞弘墓的图像扑朔迷离，再一次证明我们已知的历史远远少于未知的历史。

虞弘墓的很多图像被称之为狩猎图，这似乎有问题，因为有些图像明确反映的是祆教信仰，也许叫人兽搏斗图更好。在我看来，如果人物是画面的主体，有动物逃窜的捕杀场面，可以叫作狩猎图。另外一些图很难说是狩猎，不能简单地归为狩猎图。

比如这幅画面出现的狮子，山西太原没有狮子，这里一定有别的含义。画面中的马有翅膀，是代表神马吗？虽然搞不太清楚，但

椁壁浮雕之二

椁壁浮雕之四

说成驯马或狩猎讲不通。

　　还有一幅更特殊。狮子在攻击骆驼，骆驼反过来又咬狮子，狗也参与了战斗，是一幅很残酷的搏杀场面。所以这类图像我更愿意称之为搏斗图，而不是狩猎图。

　　波斯文化中，在银盘上有波斯萨珊君主骑着单峰骆驼狩猎的图案，中亚粟特瓦拉赫沙宫殿壁画中也有这种图案。虞弘墓石棺上出现的这种图案，完全不是中国传统文化的内容，它背后是信仰的支撑。

　　在西亚波斯美术中，君主与凶猛野兽格斗的主题，是颂扬君主的权威和勇猛，有着浓厚的宗教色彩。按祆教的观念，君主代表了光明、正义之神阿胡拉·玛兹达，怪兽、狮子则是黑暗、罪恶之神阿赫里曼的化身，两者间的搏斗，是光明与黑暗、正义与邪恶之争。

中国古代几乎见不到人兽搏斗的图案，通常都是人捕杀动物的狩猎图，以猎物为食，表现的是游乐或礼仪，还有祈福祥瑞的观念。

唐代还有很多人一起狩猎的围猎，是军事训练，是一种大型的军事演习，礼仪的政治性更强，军事目的更浓。狩猎图的象征性含义，在文献中也有透露，主要有两个方面：一是"因搜狩以习用武事，礼之大者也"，借狩猎之机举行礼制活动和军队演习。二是娱乐活动，唐太宗李世民说："丈夫在世，乐事有三耳：天下太平，家给人足，一乐也；草浅兽肥，以礼田狩，弓不虚发，箭不妄中，

椁壁浮雕之三

唐李寿墓狩猎图

二乐也；六合大同，万方咸庆，张乐高宴，上下欢洽，三乐也。"李世民的三弟巢王元吉也声称"宁三日不食，不可一日不猎"。

中国的狩猎还有一种叫射礼，看起来像是在狩猎，实际上是习武选拔人才。还有在树下射雀、射猴，取其射"爵"、射"侯"之义，这些图像并非单纯的狩猎，但经常被人们混淆。北方地区发现一些比较单纯的狩猎图，表达游牧民族要通过狩猎来生存。所以从汉代以来，狩猎图一直都有，这是中国古代文化的一个特色。

但虞弘墓的图像完全不一样：人的脑袋已经被狮子吞下去了，他还拿剑把狮子刺透了。另一幅狮子与翼马搏斗的图案中，马很奇怪，不光带翅膀，而且尾部像鱼，所以它反映的是一种完全不同的文化传统。中国的狩猎图虽然融入了祭祀、政治、军事、娱乐的目的，但几乎没有故事性、叙事性。虞弘墓发现的这些搏杀场面无疑是与西方图像的创作意图相吻合的。

椁壁浮雕之五

在伊朗的世界文化遗产波斯波利斯，有很多帝王与野兽之间搏斗的雕刻，甚至有些和虞弘墓很接近。问题是：波斯波利斯的年代很早，相当于中国的战国到西汉，而虞弘墓是隋代的。一般来说，我们进行艺术史研究和考古研究，这样的对比很少，因为时空相距太远了。但是我觉得在这里是可以的，因为宗教信仰的延续性很长，比如我们现代人制作的佛像、新建的寺庙，虽然时间上与古代相距遥远，但基本内容还是很接近的。

有些细节也值得关注。日本奈良法隆寺收藏的"四天王狩狮锦"，上面有非常清楚的波斯君主持弓箭翻身射向扑上来的狮子的图像。日本学者研究认为，这是中国为了出口波斯专门制造的，这个图像和虞弘墓、波斯那些图像完全是一个文化系统。我们看到中国汉晋时代的狩猎场面，在射杀动物的时候大多数都是向前方射箭，翻身射箭唐代以后比较多。这是不是受被称之为"波斯射法"的影响呢？

椁座右壁浮雕

头光、吉祥鸟和来通

虞弘墓发掘者张庆捷先生认为，以后壁正中的宴饮图为界，可将九幅图像分为两组：第一至四图为一组，表现虞弘生前的生活和经历，如出使西亚，分别与波斯、粟特、突厥人交往；第六至九图为一组，表达死后升入天国成为神，过着与波斯王一样的生活的愿望。

我们可以进一步观察细节。在一些画面上，人物头部后面有背光。我们相信，无论虞弘墓的石刻外来风格多么浓厚，但石椁的制作地点应该是在当地，而中国纹样中，带背光的一般是某种神灵，石椁的制作者，包括为虞弘下葬的亲属和实际操作的工匠，对这个常识应该有所了解。但除了主要人物，即带有类似波斯君王花冠的人物带有背光，边上的侍者、乐舞者也带有背光，这令人比较费解。有人将图中的主要人物比照为某某神，但古波斯人的风俗习惯是不供神像，不修神殿，所以这一解释难以成立。

椁壁浮雕之七：行旅浮雕

椁壁浮雕之八：行旅休憩

虞弘墓石椁雕刻中还有不少"吉祥鸟"，这种鸟的特征是颈部系着丝带，这种图像原本在中国是没有的。吉祥鸟的形象在波斯萨珊的银器、织物上都有。吉祥鸟除了颈部系着丝带，嘴里还叼着带垂珠的项链。后来在阿富汗巴米扬石窟、中国克孜尔石窟也出现了这种图像，数量不多。从目前材料看，中国最早是在北朝才出现这种鸟的图像，虞弘石椁上我们看到的更多，不过吉祥鸟只是颈部系着丝带，嘴里不叼带垂珠的项链。

这种吉祥鸟图案，很可能是从西亚到中亚，再传播到中国新疆。吉祥鸟的图案到中国之后，慢慢被改造了。唐代能看到的形象，虽

虞弘墓石刻上的鸟的形象

萨珊银器

新疆克孜尔石窟壁画

然和波斯吉祥鸟有一定关系，但完全是按照自己的审美风格，变成中国式的了。吉祥鸟的图案在石刻、铜镜上常见，被叫作鸟衔绶带。与此有些关系的是，这种吉祥鸟在波斯艺术中，经常出现在一个圆环之内，而这种图案的构成，被研究波斯艺术的专家称为"徽章式纹样"，同样，在唐代金银器上也出现了这种构图方式，这就是丝绸之路的文化渗透和影响。

唐代银器纹样

唐花鸟铜镜纹样

萨珊银器纹样

还有一开始被误读为吹号的图像，实际是喝酒的场面。所谓号角，实际是来通，底部有一个流口，在波斯、中亚都可以看到它被使用的图像。这种来通在波斯很早就流行，传到中国之后，有过仿制，也曾经影响过贵族生活，但是因为和中国的使用和欣赏习惯不一样，所以没有流行起来。

使用"来通"喝酒的场面

虞弘墓中还有一幅图像非常珍贵，是制作葡萄酒的场面。中间有个类似建筑的物体，人们在里边载歌载舞，上边是葡萄枝蔓，右边一个人抱着大酒坛，似乎喝得醉醺醺的样子。

为什么这个图像很重要？因为可以由此联想到很多问题：山西太原那时候能酿造葡萄酒吗？现在因为科学技术发达，很多地方都能生产品质不错的

葡萄酒的制造场面

葡萄酒，但在古代中国不大可能，中国内地大面积种植葡萄并用于酿酒是很晚的事，不能用现代人的观念和生活常识去解读古代。这个图像应该属于波斯文化艺术的内容。

还有一幅载歌载舞的宴饮图，场面宏大。在这幅画里，最主要的人物，即在正中对饮的两位主角没有头光，而两边的侍奉者和四名歌舞演奏者却有头光。中间有人在跳胡旋舞。与宴饮图欢乐的场面相反，下面配的是那种最残酷的人兽搏斗场面。关于这幅图的解读有好多，靠谱的不多，所以一般笼统地叫作宴饮图。

宴饮图

多种风格及整体解读

在虞弘墓被发现的前后，还有两座墓偶然被发现，即西安的安伽墓和史君墓。这三座墓是在一两年之内陆续被发现，而且墓中的石刻都具有浓厚的祆教信仰风格，因而引起国内外学者的极大关注。很多学者都把它们当成是与粟特人有关的遗迹，而我认为虞弘墓与安伽墓、史君墓差别很大，虞弘墓是属于波斯文化系统的，图像的内容也不是丝绸之路的现实生活写照。

考古学者研究墓葬，会把它作为一个完整的东西来看，比方说这些图像出现在什么载体上？一起出土的还有什么东西？出土地点的环境是怎样的？在不了解这些情况的时候，针对单独的图像进行解读非常危险。

从雕刻彩画的载体与出土环境看，虞弘墓具有以下特点：

1. 弧方型，带长斜坡墓道的砖室墓，是只有中国才有的墓葬形制。

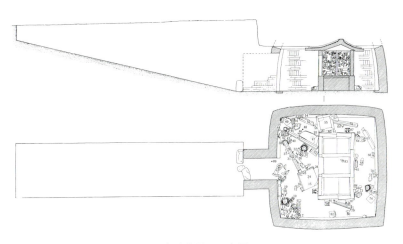

虞弘墓平面示意图

2.出土了用汉字书写的墓志铭，说明墓主人已经汉化。

3.作为葬具的石椁，完全是中国式的歇山顶建筑。

4.墓里还出土了俑，以及灯台、碗陶等。

这说明从整体来看，虞弘墓是汉化程度极深的一座墓葬，粟特人、波斯人没有这种丧葬习俗。所以，我们讨论的石椁图像，应该在此基础上进行。祆教信仰视水、火、土、气为四圣物，所以严禁进行水葬、土葬、火葬，祆教信仰者的丧葬分为贵族和平民两个系统，平民一般采用天葬，贵族采用崖墓，也可以通过石头与土地隔绝，不至于使含有尸毒的不洁净的尸体污染土地，这样既不违背教义又彰显了身份的与众不同。信仰祆教的虞弘，其墓葬形式是遵循了中国传统的丧葬礼仪。

虞弘墓的特殊性主要是图像，它具有鲜明的波斯文化特点，如我们前面提到的人兽搏斗图。很多东西经过演化之后，原来的含义逐渐消失，表现形式也发生一些改变，让人不知道最初的起源了。考古就是把这些东西找到，并梳理出轨迹。

图像研究中，在涉及外来文化影响时会变得很复杂，有些属于直接影响，即接受了图像的同时，也接受了图像的文化含义。还有一种情况是，只把它作为一种艺术形式来吸收。这是完全不同的情况。图像（包括纹样）与人的意识形态有关，比如熟悉道教、佛教、基督教、伊斯兰教文化的人，不可能把这些不同信仰的纹样混在一起，因为它们代表着不同的观念文化。但不懂纹样符号背后文化含义的人，会仅仅从美的角度把它们组合在一起，而且常常做些改变。虞弘墓里图像还有很多，从内容到风格都不是单一的，比如出行的仪仗伞盖、胡旋舞、胡瓶等，从中我们都可以看到文化的交流。

最后归纳一下我对虞弘墓的看法：那些外来风格浓厚的凸显，

很多人认为是粟特文化，我认为是波斯文化。很多人认为的狩猎图，我认为是搏斗图。还有很多人说这些画面反映了当时丝绸之路上的一些现实生活，我认为表现的是理想生活。

目前所有对虞弘墓图像的解释，推测的成分远远多于论证。推测就是脑洞大开，发挥想象，论证则必须拿出根据来。可惜无论是文献还是图像，可供联系比较的不多。古波斯文明曾冲出亚洲走向世界，而后又失落了两千余年。曾经燃烧着熊熊圣火的祆祠，一座座倒下，默默地远离喧嚣的历史，成为陌生的文化，被人们遗忘在记忆的角落里。虞弘墓的发现让人找回失落的文明的片段，而对它的解读也许刚刚开始……

第十讲

"胡人俑"与丝绸之路

大量胡人来到中国，以各种手段谋生，他们大都从事专业性很强的职业，如音乐、舞蹈、绘画、服装、畜牧驯养、器物制造等等。他们对中国产生的影响，不仅是物质文化层面，还有精神文化层面。要想理解丝绸之路，除了要关注那些器物，还要关注这些胡人，他们是文化交流的使者。

胡人与"胡人俑"

"胡人"广义上指外国人，在唐代，狭义的"胡人"主要指今中国北方异族及西域各民族。"胡"字本身有外来、异域的含义，泛指中原汉族之外的事物。这个词在中国没有特别的褒义或贬义，是一个中性的词汇，英文可以直接翻译，没有种族歧视。

俑在中国出现得很早。旧石器时代、新石器时代发现不少人的形象，在我看来不应该把这些作为俑的起源，春秋以后墓葬中出土的才可以称为俑。《孟子·梁惠王》中记"仲尼曰：'始作俑者，其无后乎！'为其象人而用之也。"赵岐注云："俑，偶人也，用之送死。"西汉郑玄解释说："俑，偶人也，有面目机发，似于生人。"中国对俑的定义很清楚，专指代替活人殉葬用的。

大家最熟知的俑大概就是秦始皇兵马俑，数量极大，有各种各样的形象，基本上是蒙古人种。汉代，有男俑女俑和军士俑，也有一些歌舞俑。被刊布最多的是女俑，也都是汉族的形象，或者说是蒙古人种。

唐代情况就不一样了，唐代胡人俑大量出现，千姿百态。

蒙古人种与欧亚人种，从古到今都是有差别的。蒙古人种鼻子低矮、面相扁平、再生毛发不发达；欧亚人种脸上的立体感很强，面部线条比较清楚、高鼻子、再生毛发发达。

唐代俑的形象差别非常大，图上这些俑，我们可以非常确定是

唐代胡俑

胡人俑，具体哪个国家无法确定，但肯定是胡人。

唐代之前，胡人俑也少量出现。北朝西安草场坡北魏墓出土胡人抱瓶俑，可能是按照当时的真人来制作的。这时开始出现真正的胡人俑，他们和目前西亚、中亚人的形象很接近。不过整个南北朝时期的胡人俑尽管集中起来数量也不少，但是在当时的人俑里占比还不算大。

唐朝时有几十个国家、地区的使团到了长安，还有外国人在中国定居。所以相信当时的艺术家对于胡人的形象特征能把握得很好，甚至能抓住面部形象的微小差别。考古资料最重要之处，是有形象直观的资料，如果光看历史文献，无法获得这些信息。

另外，穿着打扮也是一个民族的标志。胡人服装的特点是：尖顶帽，翻领衣服，左衽长袍，窄袖，穿裤子和靴子，和中原汉服完全不一样。这也是判断是否为胡人的一个方面，当然最重要的特征

北朝胡人抱瓶俑　　　　　　唐李宪墓石刻胡人傢

还是面部。因为胡人的到来，也影响了当时人们的穿着打扮。《新唐书》记载："天宝初，贵族及士民好为胡服胡帽"，我们发现，在唐代的陶俑中很多是汉人面貌，却着胡服，戴各种胡帽，甚至女性俑也如此。

"胡人俑"的身份及象征意义

通过面貌、服装、姿态，甚至手里的道具、行为组合等，可以把胡人俑分成以下六类：

1. 驯马（驼）师

这些陶俑要表现的是牵马牵骆驼。不过现在博物馆在展出的时候经常把人和骆驼、马分开。

另一种是胡人在骆驼上啃馕、弹乐器、歌舞等，各种各样的姿

西安中堡村唐墓出土三彩马及牵马俑　　　　咸阳唐契苾明墓出土三彩骆驼及牵驼俑

态，非常生动。

　　骆驼和胡人的组合，是我们见到最多的一种胡人俑，也是丝绸之路上最有代表性的符号之一。

　　2.商人

　　商人形象中有背着小包拿着胡瓶的小商贩，还有的竟然和现在伊朗的城市雕塑相似。伊朗亚兹德（Yazd）是丝绸之路上一个重要的集散地，行走在古老的街巷，会让人有一种穿越时空的奇妙感觉。在阿米尔乔赫马克清真寺广场上，现代雕塑中那些汲水的人物仍保持古老的传统，显示着干旱的丝绸之路对水的渴求。这虽然是跨越时空的比较，如此的相似，也不是偶然的。

　　还有牵骆驼的商人形象。骆驼上面有很大的一个驼囊，还有移动帐篷、生丝、整捆的丝绸、水囊等，甚至还有小猴子。携带猴子可能和古代的传说有关：猴子在里面蹦来蹦去，能够让那些马、骆驼健康不得病。

伊朗亚兹德的阿米尔乔赫马克清真寺广场

西安郑仁泰墓出土胡人俑　　　　　　　胡人背包俑

3.狩猎

胡人不仅驯马，还有驯兽狩猎。
中亚人比较早地驯服了豹和猞猁来助
猎，而这种俑在中国内地出现，表现
外国人到了中国，也带来了他们擅长
的狩猎方式。

4.军人

有的胡人俑表现的是唐朝的将军，
手中拿着上朝用的笏板。唐墓如果没
有被破坏的话，通常一进墓门前面会
有四个最大的俑：一个人面兽身、一
个兽面兽身，称为镇墓兽；后边的两
个大俑，或者称为两名武官（有的一
文一武，不过那种帽子有一只鸟的所
谓文官，可能也是表现武官。因为这
种帽子在文献中记得非常清楚，叫鹖
冠。鹖是一种非常凶猛的鸟，古代的
将军用鹖毛装饰帽子表示勇猛。

胡人俑出现军人形象不奇怪，因
为唐朝军队的组成不限制种族，他们
经常募集一些英勇善战的胡人到军队
中。唐朝的开放，使得外国人可以在
中国定居，可以参加中国的科举考试，
可以当官。当时军队里有很多高官就
是胡人，比如宇文家族，还有哥舒翰、
高仙芝等。

带猞猁狩猎女俑

西安南郊唐墓出土胡人武官俑

5. 侍从

典型的卷发，一看就是胡人，过去称为昆仑奴、黑人俑，不太准确。不能仅凭俑的颜色来确定称呼，因为古代颜料时间一长都会变色，尤其白色含铅，特别容易变黑。正因如此，不能根据现在的观察就认定古代也是如此。比如有人就说敦煌壁画北朝时期用色古朴大胆，其实现在根本不是当时的颜色了。

6. 艺术家

载乐骆驼俑经常上杂志做插图，大家以为这种俑有很多，其实中国一共只出土了两件，一件上面是八个汉族人，另一件上面是五个胡人。丝绸之路通畅后，从西方传来了一些歌舞、乐器和艺术家，这在出土文物中

胡人俑

三彩载乐骆驼俑

西安中堡村唐墓
出土载乐骆驼俑

陕西长武唐墓
出土胡人乐舞俑

西安金乡县主墓
出土胡姬俑

反映得最为明显。

　　源于中亚的胡旋舞、胡腾舞，唐代曾风靡一时，当时洛阳很多家庭都把自己的孩子送去学这种西域歌舞。在敦煌壁画、墓葬石刻、壁画，还有器物中都曾出现跳胡旋舞、胡腾舞的形象，其特点是在一块小毯子上快速地旋转，腾踏，其中有胡人，也有汉人。

　　女性胡人形象考古发现极少。目前能够比较清楚确认的是金乡县主墓里出土的女性胡人，其特点是深目高鼻，非常妖冶，和常见的东方人形象不一样，令人想到"落花踏尽游何

西安金乡县主墓出土胡姬俑

处，笑入胡姬酒肆中"(李白《少年行》)的胡姬。文献里也曾提到，外国会向中国进献专门跳舞唱歌的胡旋女子：

> "开元初，贡锁子铠、水精杯、码碯瓶、驼鸟卵及越诺、侏儒、胡旋女子"。(《新唐书·西域传》)
>
> 开元十五年 (727)"五月，康国献……胡旋女子、豹"，"七月，史国王阿忽必多遣使献胡旋女子及豹"，开元十七年 (729)"正月，米国使献胡旋女子三人及豹、狮子各一"。(《册府元龟》卷九七一)

白居易还有一首长诗就叫《胡旋女》。

胡人从哪里来到哪里去

胡人都从哪里来，这是一个有趣的问题。文献中有很多记述，但这不是我要讲的内容，我所关心和要谈的是，考古发现的胡人形象，能否区分是来自哪里？即他们分别属于哪个国家和地区的人。这个问题今天我回答不了，但还是跟大家谈谈我的思考以及一些探索尝试。

以唐朝为例，唐朝能够直接控制的地盘不断在变，前期、中期、晚期都不一样，这从《中国历史地图集》8世纪中叶唐帝国的版图中可以看到。从面容上看，胡人俑千姿百态，相貌不同，很可能是要表明他们来自不同的国家和地区。可文字记载中，对西方诸国人的相貌描述大同小异，无非是深眼、直鼻、大胡须、高颧骨、卷发或披发，以此为证据很难分辨各国人的差异。有人把某些胡人俑称为吐蕃人、阿拉伯人、粟特人等，没讲出什么道理，只是比较随意地推测。参照文献记录，胡人中最被关注的是粟特人和波斯人。

《魏书·西域传》谈到康国人的特征时说："其王索发，冠七宝金花，衣绫、罗、锦、绣、白叠；其妻有髻，幪以皂巾。丈夫剪发，锦袍。……人皆深目、高鼻、多髯。"

《北史》《隋书》《旧唐书》《新唐书》提到康国人的特征时，基本沿袭这个说法，各史书的记载几乎完全一样。康国人就是粟特人，在现在的乌兹别克斯坦，主要在撒马尔罕那一带，是"昭武九姓"那些小国里影响最大的一个。

在记载波斯人的容貌、服饰、习俗方面也是同样，在容貌的描述上，既无法与其他国别的人相区分，也很难与陶俑中的胡人对上号。就是说，通过文字记载无法知道粟特、波斯各自的形象特征。

在记录诸国人的服饰时，略有差别。那么从实物俑和壁画是否可以区分呢？似乎也不能。胡人的装束，都是翻领袍，脚蹬靴，而髭发卷发、尖顶帽等，也难作为区分的标准。我曾经做过一些尝试，但是最后失败了。当时我的做法是，先把考古发现的那些陶俑、壁画中的胡人形象都收集起来，再把他们跟波斯、粟特等的石刻壁画人物去做对比。

比如，在中亚地区壁画中，我找到了人戴尖顶帽的形象，和有些胡人俑比较接近，但是戴尖顶帽的人，不止西域诸国的一个民族，文献里还记载更早有塞种人等。经过反复比对，也看不出中亚壁画里人物形象和中国胡人俑之间的确切关系。寻找波斯人，早些时候有波斯波利斯石刻，波斯人也以"万国衣冠拜冕旒"自豪。其实不光中国，世界其他国家的古代王朝都有类似于"普天之下莫非王土"的观念。波斯人曾横跨欧亚，所以自认为自己是宇宙之王、万王之王。因此波斯波利斯石刻有当时各国向波斯朝贡的图像，但各国人几乎是千人一面，非常程式化。国外研究者推断出哪个是亚美尼亚人、哪个是米底人、哪个是埃及人、哪个是粟特人等，当时我很奇

伊朗波斯波利斯石刻

怪，这些人的形象几乎一模一样，他们凭什么这么说呢？原来他们是根据人们的服装和手拿的贡品种类来区分，因为每一个国家的朝贡者都拿出自己国家最有名的东西，于是便成了国别的符号。波斯波利斯石刻里的那个粟特人，也是根据他手里拿的贡品而比定的，而这个人物的形象，与其他人没区别。当然，与某些研究者在中国陶俑中被比定的粟特人更不一样。每一个国家和时代的形象塑造，常常有一种套路化的表现，这从希腊罗马雕刻、两河流域的雕刻、中国古代雕刻的宏观比较中能看得十分清楚。

搞研究不是说一定要得出一个结论，搞研究要反复试错，大量收集数据进行细致分析，即使最后没有得出什么结论，这也是一种研究成果。

胡人迁到中国之后，可以和中国人一样生活，但为了方便，他们聚族而居。在首都长安，胡人大都住在西市周围或再向北部的里坊中，还建造了属于他们信仰的祠寺等。

唐代长安在当时属于超大城市，是按照事先规划建造的，最重要的特点就是采用里坊制度。所谓里坊，就是由城内笔直纵横的街道划分出一个个方块，大约一里多见方，每个里坊都有墙，四面开门。唐代前期实行严格的宵禁制度，一到傍晚，从宫城的承天门开始敲鼓传遍全城，提醒各坊开始关门，如果没有及时回家，就是犯

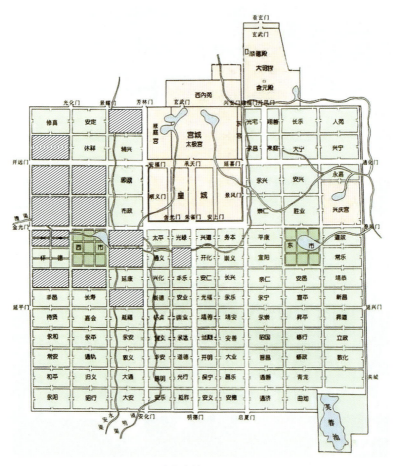

唐长安城平面图

了宵禁，处罚很重。

现代的一些著作和文艺作品、影视剧经常说唐长安城的热闹繁华，这没错，但并不十分准确。至少唐代前期长安具有浓厚的军管性质，夜晚宵禁，必须关闭坊门，不许人出去，城内的街道空空荡荡，只有巡逻的军人。那些繁华和热闹，应该是在里坊内部。

后来，由于工商业发展和社会稳定，一些里坊内部的商业和娱乐逐渐兴盛，人们逐渐有了夜生活的需要，夜市最初也是在里坊内部，最后突破了坊的设置。到宋代，开始沿街设商店，坊里出现了一些夜市和店铺。一些胡人商客和艺术家，在长安的里坊内开设酒肆，里边有胡人女招待，她们还进行表演。

胡人不仅把服装、歌舞带到中国，还把一些生活器具，如带把有流的胡瓶带到中国，因为用起来十分方便，人们开始仿制，很快就成为唐代新崛起的器类。后来，有饮茶习惯的中国，在由煎茶到点茶的变化中，所需要的汤瓶，即源自胡瓶的茶壶便开始大量使用，并演变出各种形态。

西亚、中亚移民，当然不止居住在长安，他们分布的地区十分广泛，荣新江等史学家已经做过研究，从出土文物上看，远至广东、内蒙古都曾发现罗马玻璃、萨珊银器和玻璃器，还有成套的粟特银器。

大量胡人来到中国，以各种手段谋生，但他们大都从事专业性很强的职业，如音乐、舞蹈、绘画、服装、畜牧驯养、器物制造和各种食品制作，当然会对中国产生各种影响，不仅是物质文化，还有精神文化层面的影响。要理解丝绸之路，除了以前讲的那些器物，还要关注这些人，有了这些胡人，才会有文化的传播。胡人俑是文化交流使者的象征。

后　记

这本书，原本是讲课录音整理成的文字，讲课是在杭州中国丝绸博物馆，内容是"丝绸之路考古十讲"。要出书时，编辑起名为《我在考古现场》，也不错，因为除了虞弘墓，所讲内容我都无数次到过现场。

这本书主要内容是实地考察的收获。考察和旅游不同，考察事先该有缜密的计划，明确的目的。旅游可以随心所欲，说走就走。而对我来说，不大喜欢那种"考古不是游山玩水"的倡导，认为功利心太强，缺乏对广阔世界的好奇，会失去很多偶然。考古考察，无法知道即将遇到什么，设想不留遗憾、收获满满也不大可能，还是做一个深情缱绻的旅行者为好，在时间、空间上错位游荡，让想象力爆发，也许会有意想不到的发现。

考古发现有些纯属偶然。地理学家斯文·赫定的罗布泊之行，无意中发现了被遗忘了的楼兰古城。地质学家安特生考察石灰岩洞穴，却找到啮齿类的动物化石，导致"北京人"的发现。仰韶文化也是安特生在寻找化石时的意外收获。

现实与历史相差遥远，却未必毫无联系，张骞、玄奘走过的路，我们可以重走；高仙芝、马可·波罗看过的城堡烽燧，我们也能再看，那时能产生与先贤心灵沟通的感觉。丝绸之路上曾繁荣热闹的伊斯法罕巴扎还没有被现代化摧毁。设拉子出产的风靡世界的蔷薇水，仍在传统的作坊中生产。中亚西亚古老的金银器，至今也还以沥青为底模手工制作。历史文化藕断丝连地顽强延续，一路考察仿佛在现实与梦境中穿梭，不断切换中，莫名的启发无时不在袭来。

走四方，是很多人对考古人的印象。我被无数次问过这样的问题，考古是什么？你为什么选择了这个辛苦的工作？我似乎无法从学理或理想方面做出详细、准确的回答，只说感想：

考古永远不知道下一刻将会发现什么，是永不重复的工作。

考古像是一场猜谜活动，却要通过实地考察、发掘找到答案。

考古就像警察侦探破案，要从案发现场追踪，还要按照法治精神找到证据。

考古既要有逻辑思维，也要有形象思维，从一片瓷片，想象出完整的器物；从一个遗址，联想起古人的生活。

考古能打开一扇扇通往古代的门窗，真切地看到往日世界的辉煌。

考古是繁重的体力劳动，也是调动神经的脑力劳动。

考古是一门手艺，是"学术界的仆人"。

考古是一种快乐，也是一种痛苦，喧闹也容得，寂寞也耐得。

中国早有"百闻不如一见"之说，还有"纸上得来终觉浅，绝知此事要躬行"，这些话用在考古这一行特别贴切。

齐东方

2021年7月5号